Margi McCombs, James Covey y Kalyn Lantz

SANAR LAS HERIDAS DEL CORAZÓN DE LOS ADOLESCENTES

¿CÓMO PUEDE AYUDAR LA IGLESIA?

MANUAL DEL FACILITADOR

Usar con la publicación para adolescentes,
La vida duele. El amor sana.

Trauma Healing Institute

SANAR LAS HERIDAS DEL CORAZÓN DE LOS ADOLESCENTES: CÓMO PUEDE AYUDAR LA IGLESIA
(Manual del facilitador)

© 2017, 2018, 2020, 2022 American Bible Society

Marzo de 2022

ISBN 978-1-58516-291-8
ABS Item 124849

Para uso con el diario de adolescente: *La vida duele, El amor sana*.
(ISBN 978-1-58516-290-1, ABS item 124848)

por Margi McCombs, James Covey y Kalyn Lantz

Este libro está escrito intencionalmente en el español básico.

A menos que se indique lo contrario, las citas de las Escrituras se toman de *Dios Habla Hoy*®
© 1966, 1970, 1979, 1983, 1996 Sociedades Bíblicas Unidas.

Redactado por Peter Edman

Diseñado por Jordan Grove

Ilustraciones por Ian Dale

Para obtener capacitación sobre cómo usar este libro para llevar a cabo la sanidad del trauma, visite su Sociedad Bíblica local, visite TraumaHealingInstitute.org, o escriba a info@traumahealinginstitute.org.

AMERICAN BIBLE SOCIETY

101 North Independence Mall East FL8
Philadelphia PA 19106

CONTENIDO

*El Señor está cerca, para salvar a los que tienen el corazón
echo pedazos y han perdido la esperanza.*
Salmo 34:18

INTRODUCCIÓN

Nuestros adolescentes necesitan ayuda. El trauma que padecen y las presiones con las que viven amenazan sus vidas diarias. Muchos sufren a manos de abusadores, enfrentan indiferencia y abandono, batallan con condiciones de pobreza y deficientes condiciones de vida, y viven en medio de violencia y abuso doméstico.

La iglesia debe ser un lugar de refugio y sanación. La Biblia nos dice que Jesús envió a sus discípulos a las comunidades a "anunciar el reino de Dios y a sanar" (Lucas 9:2). Varias veces observamos que los que proclaman la buena nueva del reino de Dios también son enviados a ayudar a quienes necesitan sanación. Lo mismo es verdad con los que hoy siguen a Jesús.

¿Cómo podemos ayudar a los adolescentes? Ofreciéndoles sanación en el nombre de Jesús. Este libro es el manual del facilitador de *La vida duele, El amor sana*. Este programa provee un acercamiento experiencial a sanar corazones heridos y hallar esperanza juntos. Este manual puede ser usado para ayudar a estructurar un ministerio de sanación de trauma en la iglesia. Está diseñado para quienes trabajan con jóvenes y están familiarizados con sus necesidades y estilos de vida.

Cada lección presenta principios básicos de salud mental para trabajar con adolescentes traumatizados dentro de un marco bíblico. Las Escrituras son utilizadas a lo largo del currículo de *La vida duele, El amor sana* pues el conocimiento de Dios, el carácter de Dios y la relación de Dios con la gente proveen los fundamentos para la sanidad emocional y espiritual que trasforma a las víctimas en sobrevivientes y, eventualmente, en celebrantes.

Los materiales están diseñados para ser usados con jóvenes entre trece y dieciocho años, pero el diario no menciona una edad específica, y el programa puede ser adaptado para trabajar con jóvenes mayores también.

→ Trabajando con adolescentes traumatizados

El estudio Experiencias adversas en la niñez (EAN), realizado en 1995 por *Kaiser Permanente* y los *U.S. Centers for Disease Control and Prevention* es una de las investigaciones más importantes alguna vez realizadas en cuanto a la conexión entre el abuso y la desatención en la niñez y la salud y el bienestar, más adelante en la vida. El estudio muestra que, sin alguna intervención, la exposición frecuente o prolongada a las EAN usualmente resulta en problemas de salud y emocionales prolongados. El abuso en la niñez, el abandono, la violencia doméstica, el trasfondo familiar de abuso de substancias o la enfermedad mental conducen a un creciente riesgo de embarazos no deseados, al abuso de substancias, la violencia conyugal, la depresión, al suicidio y otras consecuencias trágicas entre los adolescentes.

El tóxico estrés de la exposición frecuente o prolongada a experiencias traumáticas también puede dañar el desarrollo del cerebro de un niño o adolescente, que a la vez puede llevar a desafíos en el aprendizaje y la memoria, a la incapacidad de regular emociones, a la dificultad para establecer relaciones duraderas, a la agresión, a comportamientos desafiantes y a la sobreproducción de hormonas del estrés que incrementan el ritmo cardíaco, la presión arterial, la respiración y la tensión muscular.

Sin duda, has visto y trabajado con adolescentes que enfrentan estos problemas. Su comportamiento a menudo repele a quienes quieren ayudarlos. Sus estrategias para sobrevivir incluyen ignorar las reglas, rechazar la autoridad, cerrarse emocionalmente o tomar riesgos peligrosos que resultan en comportamientos autodestructivos. Pero debajo de todo ese comportamiento exterior hay un corazón herido y una profunda necesidad de ser amado, percibido y escuchado. En vez de preguntar: "¿Qué pasa contigo?", debemos preguntar: "¿Qué te sucedió?" Y luego, necesitamos escuchar.

Pero hay buenas noticias. Sanar las subyacentes heridas del corazón de los adolescentes es posible. Invitarlos a entrar en una relación y proporcionar un ambiente acogedor donde no se juzgue, y esté impregnado de una calma aceptación que penetre los comportamientos defensivos puede crear un lugar seguro para que los adolescentes problemáticos encuentren un refugio. Los adolescentes pueden experimentar una transformación de corazón, mente y cuerpo que refleje la naturaleza de Cristo. Lo que está dañado puede ser reparado otra vez, las emociones pueden hallar una expresión saludable, las historias pueden ser contadas y los corazones pueden ser sanados. Mediante la gracia de Dios y la amorosa guía de facilitadores adultos entrenados, los adolescentes pueden descubrir una creciente resiliencia y esperanza.

→ Quiénes somos

El acercamiento básico de la sanidad del trauma basada en la Biblia ha sido usado globalmente desde 2004 con adultos y niños, y ahora con adolescentes. En 2012, American Bible Society lanzó el **Instituto de la Sanación del Trauma** para apoyar y extender el programa modelo y coordinar la certificación y el apoyo continuo de los facilitadores que lo usen. Un **Consejo de la Sanación del Trauma** independiente provee la guía de profesionales de la salud mental. Las organizaciones miembros de la **Alianza de la Sanación del Trauma** ayudan a entrenar y asignar facilitadores para servir a las personas heridas que usan este modelo.

Los materiales de la sanación del trauma están siendo traducidos y contextualizados a más de cien idiomas. Miles de facilitadores han sido entrenados, y cientos de miles de personas han encontrado sanación a través de la integración de sanos principios de salud mental y el mensaje transformador de la Biblia.

Para más información o para conocer algún evento de entrenamiento cerca de tu zona, visita nuestro sitio web en traumahealinginstitute.org.

→ Cómo puede ayudar la iglesia

En sus Evangelios, tanto Mateo como Lucas, nos dicen que Jesús ministraba a las personas de dos maneras: proclamaba el evangelio del reino de Dios y sanaba (Mateo 4:23, 9:35; Lucas 9:11). Cuando el Señor envió a sus discípulos en su lugar, les dio el mismo mandato (Lucas 9:2, 6). Es igual con la iglesia de hoy. Como cuerpo de Cristo, continuamos con lo que él hizo en la tierra. Vivimos la buena nueva que Jesús enseñó y traemos sanidad a quienes nos rodean.

Este libro es para la iglesia. Principalmente está destinado a los laicos, aquellos que tienen la capacidad y el tiempo para acompañar a las personas cuyos corazones están heridos—los que están traumatizados, los que sufren por los efectos persistentes de los recuerdos dolorosos y los que siguen viviendo en el trauma continuo.

No hay suficientes profesionales de salud mental para satisfacer la inmensa necesidad de dar consuelo y para enseñar estrategias emocionales básicas que puedan brindar alivio y curación a las personas de nuestras comunidades, incluidos los niños y los adolescentes. Así es cómo la iglesia puede ayudar. Este plan de estudios combina la verdad y la esperanza que se encuentran en la Biblia con los principios comprobados de salud mental. Puede ser utilizado tanto por no profesionales como por profesionales de la salud mental capacitados para ayudar a que los adolescentes y adultos jóvenes traumatizados puedan embarcarse en un viaje de sanación del corazón.

→ Entendiendo el trauma de los adolescentes

¿Qué es el trauma?

Utilizamos esta definición: **El trauma es cualquier evento que hace que una persona se sienta abrumada por un miedo intenso, desamparo u horror ante la muerte o la actividad sexual forzada.**

El trauma no depende de la edad. Los adultos, los adolescentes y los niños responden de maneras similares a la experiencia del trauma, y todos requieren una curación emocional para hacer que regresen a una sensación de bienestar (o ayudarlos a sentirla por primera vez.)

Los tres principios del bienestar

Sin importar su edad, las personas que tienen buenos niveles de salud emocional y un sentido general de bienestar están así debido a las creencias y suposiciones fundamentales que tienen en relación a su autoconcepto y su visión del mundo.

Específicamente, cuando la percepción del mundo de una persona no ha sido interrumpida por una experiencia traumática, tres suposiciones sustentan una sensación de bienestar:

1. El mundo tiene sentido.
2. La justicia está disponible.
3. Soy una persona de valor.

"El mundo tiene sentido" significa que el individuo puede confiar en una cierta previsibilidad en su vida y en los sistemas que le dan estructura, y tiene cierta sensación de control sobre sus elecciones o las elecciones que hacen aquellos en quienes confía.

"La justicia está disponible" significa que el individuo siente que cualquier maldad que pueda ocurrir en su mundo puede corregirse de alguna manera, ya sea ahora o en el futuro, por algún agente, ya sea un individuo, un sistema o una intervención divina.

"Soy una persona de valor" significa que el individuo tiene un sentido de autoestima, de ser especialmente importante para otra persona y de ser digno de respeto y dignidad.

Cuando el trauma ocurre en la vida de un individuo, esos tres principios se rompen y la persona queda con estas creencias:

1. El mundo no tiene sentido.
2. No hay justicia.
3. No soy una persona de valor.

Una forma de explicar la sanidad del trauma es como *el proceso de restaurar al individuo a un estado emocional en el que puede volver a creer, o que cree por primera vez, los tres principios del bienestar.*

A través de la sanidad del trauma podemos:

1. Restaurar la causalidad: Hay una razón para el quebrantamiento y el mal en el mundo. (Romanos 5:18; 8:19–22)
2. Restaurar la esperanza y el agente: Dios es justo y hace justicia ante el mal. (Deuteronomio 10:17–18; Isaías 30:18)
3. Restaurar el valor propio: Cada persona tiene un valor intrínseco creado por un Dios amoroso. (1 Corintios 3:16; 2 Corintios 5:17; Romanos 8.35, 38–39)

Los adolescentes y los tres principios del bienestar

1. *"El mundo tiene sentido."* Para los adolescentes, el mundo tiene sentido cuando saben en qué y en quién pueden confiar. Cuando saben que sus necesidades básicas de comida, refugio, vestimenta y crianza emocional están siendo satisfechas, cuando saben que tienen un lugar en su familia y comunidad, y especialmente si esta seguridad fundamental se basa en una matriz de fe, el mundo tiene sentido para ellos.
2. *"La justicia está disponible."* Cuando los adolescentes viven en una familia o comunidad donde existe un sistema de consecuencias por el mal comportamiento y recompensas por el buen comportamiento, y saben a dónde y a quién pueden ir para sentirse seguros de la explotación o el abuso, están seguros de saber que la justicia está disponible.
3. *"Soy una persona de valor."* Los adolescentes tienen una sensación de autoestima cuando son vistos y escuchados, cuando son reconocidos

como personas dignas, que sus dones y contribuciones son bienvenidos y cuando saben que son deseados.

Al igual que con los adultos, la sanidad del trauma para adolescentes es un proceso que busca hacer que regresen a estos tres principios básicos del bienestar o para ayudarlos a comprenderlos por primera vez. Por lo general, la restauración de la esperanza conduce a un renovado sentido de agencia, al reconocimiento de que los adolescentes no son solo víctimas de las circunstancias, sino que sus elecciones y acciones pueden marcar una diferencia en sus vidas y en el mundo.

Trabajando con adolescentes traumatizados

Este libro está dirigido a aquellos que ya tienen una experiencia considerable en el trabajo con adolescentes. Los adolescentes traumatizados pueden ser difíciles de manejar, debido a su déficit emocional y, a veces, a su comportamiento difícil. Se necesita un trabajador experimentado con adolescentes para poder responder con amor y de manera apropiada, y con una gestión sabia de la conducta y una interacción segura. Aquí hay algunos elementos para recordar.

- Cualquier tipo de trauma deja heridas emocionales que deben abordarse para un desarrollo saludable y continuo.
- Si no se tratan estas heridas del corazón, habrá efectos negativos a largo plazo en la salud física, el comportamiento social y la capacidad del adolescente para mantener relaciones duraderas.
- No hay trauma que no pueda ser sanado. Puede tomar mucho tiempo, pero Dios puede sanar corazones rotos y destrozados.

¿Cómo afecta el trauma a los adolescentes?

El trauma afecta a la persona completa de un adolescente, pero puede ser útil distinguir varios aspectos.

1. Efectos emocionales

- Pueden enojarse y ser agresivos. Los jóvenes adolescentes pueden pelear con sus compañeros más que antes y pueden desafiar más a sus padres, cuidadores y maestros.
- Pueden ponerse tristes y deprimidos, aislarse y perder interés en la vida.
- Pueden sufrir cambios de humor extremos.
- Pueden sentirse responsables de lo sucedido y sufrir sentimientos de culpa y vergüenza.
- Pueden sentir "culpa de sobreviviente" porque sobrevivieron al trauma y otros no.
- Pueden mostrar una falta de empatía por los demás.

2. Efectos físicos

- Su habla puede verse afectada. Pueden comenzar a tartamudear o permanecer en silencio.
- Pueden presentar trastornos de la alimentación, en los que pierden el apetito porque están ansiosos, o comen demasiado para tratar de disminuir el dolor.
- Pueden quejarse de dolores de cabeza, de estómago u otros dolores y molestias en sus cuerpos.
- Pueden tener una mayor respuesta autoinmune como urticaria o asma.

3. Efectos de comportamiento

- Pueden tener trastornos del sueño: pesadillas o gritos mientras duermen sin estar despiertos. Pueden tener problemas para conciliar el sueño.
- Pueden mostrar aspectos de su trauma en su comportamiento (conflictos, violencia doméstica, acoso escolar, etc.).
- Pueden llorar fácilmente y con frecuencia.
- Pueden tener dificultades para concentrarse y aprender cosas nuevas.
- Pueden usar alcohol o drogas para disminuir su dolor, o pueden involucrarse en la promiscuidad sexual.
- Pueden participar en comportamientos de riesgo que los ayude a sentirse valientes ante el peligro.
- Pueden lastimarse cortándose el cuerpo o intentando suicidarse.
- Pueden elegir amigos o grupos que sean riesgosos para su bienestar, pero que los hagan sentirse seguros.

¿Qué provoca el comportamiento negativo?

Puede ser más fácil lidiar con comportamientos negativos y malas conexiones sociales cuando entendemos las emociones que los causan. Las emociones difíciles se expresan a menudo en el comportamiento destructivo. Las emociones como el miedo, la tristeza, la pena, la vergüenza, la ira, la culpa y la frustración a menudo se expresan como agresión, aislamiento, comportamiento arriesgado, autolesión, risa o llanto excesivo, entre otros.

Cuando trabajamos con adolescentes traumatizados, podemos convertirnos en el objetivo de tal comportamiento. Comprender por qué se comportan de esta manera puede ayudarnos a ser más compasivos, pacientes y cariñosos, y es menos probable que veamos el comportamiento negativo como una ofensa personal.

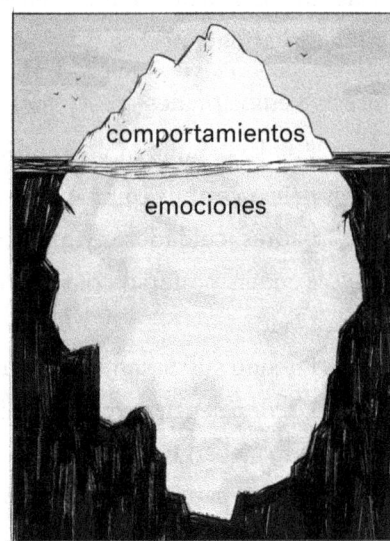

Podemos ayudar a los adolescentes a identificar las emociones que están sintiendo y tratando de expresar por su comportamiento negativo.

¿Cómo podemos ayudar a los adolescentes traumatizados?

Hay muchas maneras en que podemos ayudarlos. Aquí están algunas ideas. Podemos:

- Proporcionar un lugar seguro donde se pueda restaurar la confianza
- Invitar a los adolescentes a una relación amorosa y libre de juicios
- Escuchar sus historias
- Asegurarse de que se cumplan sus necesidades básicas
- Hacerles saber que no están solos
- Alentar a las familias, iglesias y comunidades para que estén informadas sobre el trauma
- Darles una voz en sus familias y comunidades
- Establecer relaciones a largo plazo con ellos
- Presentarles la amorosa, reconfortante y fiel presencia de Jesús
- Ayudarles a encontrar maneras de contribuir al bienestar de los demás

CÓMO USAR ESTE LIBRO

Sanar Las Heridas del Trauma de los Adolescentes utiliza un proceso experiencial interactivo para ayudar a los adolescentes a externalizar el dolor de las heridas del corazón causadas por el trauma. Está diseñado para su uso en grupos pequeños con personas de entre 13 y 18 años que pueden leer y escribir, y para ser dirigido por facilitadores capacitados que tengan experiencia en el trabajo con adolescentes. Recomendamos tener adolescentes cerca de la misma edad en un grupo pequeño.

→ La experiencia de la sanación

Los adolescentes que participan en un grupo pequeño se embarcan en un proceso experiencial que los coloca en una senda hacia la sanación de las heridas emocionales y espirituales. El programa usa historias, Escrituras, arte, música y juegos que los ayudan a encontrar respuestas a una serie de diez preguntas, cada una de ellas en una sesión separada. Esas preguntas son cuidadosamente diseñadas para guiar a los adolescentes en un proceso de autoevaluación para, finalmente, reconocer su necesidad de una relación con Dios como su sanador.

Aunque no hay una promesa de que participar en una experiencia grupal de sanación restaurará completamente la salud emocional y espiritual de cada participante, hemos visto avances notables en el viaje de sanación a través de este enfoque.

El proceso del currículo puede ser ilustrado en el siguiente diagrama:

Construyendo resistencia

¿Cómo puedo perdonar?

¿Cómo sigo avanzando?

¿A dónde puedo llevar mi dolor?

¿Cómo puedo contar mi historia?

¿Y mis límites personales?

¿Cómo enfrento mis pérdidas?

¿Cómo lidio con mi dolor?

Exteriorizando el dolor de un corazón herido

¿Cómo me conecto con mis sentimientos?

Si Dios me ama, ¿por qué me duele tanto?

¿Soy importante para alguien?

→ Estructura de la sesión

Cada sesión comienza con un capítulo de la historia de unos adolescentes que viven en un barrio urbano y cuyos corazones están destrozados. Los personajes descubren un camino hacia la sanación, aun cuando las circunstancias de sus vidas no cambian. La historia estimula la discusión sobre los principios de salud mental y los conceptos espirituales críticos en el proceso de sanación.

Cada sesión también incluye arte, oportunidades para llevar un diario, y juegos y actividades interactivas para concretar una experiencia integral que pueda ayudar a los adolescentes a hallar respuestas a la pregunta propuesta en el título de la sesión.

Este libro está escrito a dos voces: una, para el facilitador con información pertinente a cada sesión; la otra es el contenido para ser leído, interiorizado y comunicado al grupo en las propias palabras del facilitador.

→ Diario de adolescentes

El correspondiente diario de adolescentes es para el uso personal de los participantes. Es privado. Además de espacio para reflexiones personales, el mismo incluye el currículo de la historia, ejercicios, ilustraciones y pasajes de la Escritura, entre otros materiales. El mismo tiene que ser un lugar seguro para que los adolescentes expresen sus pensamientos y sentimientos. Los facilitadores nunca deben forzar a un adolescente a compartir lo que han escrito o dibujado, pero deben acoger con beneplácito lo que un adolescente ofrece por sí mismo, sin expresar sorpresa o juicio.

→ Cómo usar la Biblia con este programa

El diario de adolescentes *La vida duele, El amor sana* usa la traducción **Dios Habla Hoy** para los pasajes bíblicos, porque es apropiada para adolescentes y para personas que están aprendiendo español. Para usar en los grupos pequeños, los facilitadores pueden elegir una versión diferente.

Si vas a proveer Biblias para los adolescentes, escoge una traducción que sea fácil para comprender. Si tu grupo tiene trasfondos variados, trata de escoger una versión que no esté íntimamente identificada con una tradición de fe específica. **La Traducción en lenguaje actual** es una buena opción porque ha sido bien aceptada por un amplio espectro de iglesias. Otra traducción buena para usar con adolescentes es: **Reina Valera Contemporánea**.

Muchas aplicaciones gratuitas para celulares y dispositivos, como La Biblia App de YouVersion, darán acceso inmediato a la Biblia.

Si los adolescentes traen su propia Biblia, deben escoger la traducción que más les guste para sus propias lecturas, pero quienes son nuevos en relación a la Biblia pueden agradecer alguna guía inicial. Quizá quieran probar diferentes traducciones en una aplicación o sitio web.

Asegúrate que los adolescentes busquen los pasajes bíblicos en la tabla de contenido de su Biblia o en la sección de búsqueda de una edición digital, o entrégales una hoja impresa con los pasajes relevantes para cada sesión.

→ Otros materiales necesarios

Los objetivos de aprendizaje y los materiales necesitados para cada sesión de grupo son mencionados al principio de cada sesión y resumidos en los Apéndices. Hemos reducido la lista a un mínimo. Los facilitadores son alentados a ser creativos y hallar maneras de adaptar los materiales a las necesidades de sus grupos. Los autores alientan tus ideas para el desarrollo adicional y adaptación del programa modelo.

PANORAMA DEL PROGRAMA PARA FACILITADORES Y ADMINISTRADORES

→ Cómo ser un facilitador

El Instituto de la Sanación del Trauma ofrece un proceso de entrenamiento de tres niveles para llegar a ser un facilitador certificado en la sanación del trauma. **Se recomienda firmemente que los facilitadores completen el entrenamiento inicial del currículo clásico de adultos y de niños del Instituto de la Sanación del Trauma antes de ser entrenados con este currículo.** Véase nuestro sitio web para conocer las fechas de eventos cerca de donde te encuentras.

- La formación teórica tiene lugar antes de una experiencia práctica requerida que puede ser un fin de semana o un retiro de cinco días. La duración de la formación teórica depende de la experiencia anterior con el currículo de adultos o niños. Al finalizar este entrenamiento inicial los participantes son certificados como Aprendices de facilitadores.
- Para calificar para el entrenamiento avanzado, los Aprendices de facilitadores deben liderar al menos un grupo pequeño adicional (llamado grupo de sanación) con al menos tres adolescentes usando el currículo de *La vida duele, El amor sana*. El entrenamiento avanzado ofrece una certificación como Facilitadores de un grupo de sanación o Facilitadores de entrenamiento, que pueden entrenar a otros adultos.
- Cuando demuestren crecimiento en liderazgo y aptitudes en entrenamiento, los Facilitadores de entrenamiento pueden avanzar para convertirse en Facilitadores Maestros en un programa de tutoría.

→ Cómo organizar sesiones de grupos de sanación

El currículo de *La vida duele, El amor sana* puede ser usado en una variedad de situaciones. Está destinado para usar con un grupo pequeño de seis a ocho adolescentes. Recomendamos que esos grupos no mezclen chicos y chicas. En general, toma de una hora y media a dos para completar cada sesión.

Los formatos posibles incluyen:

- Grupos mixtos de adolescentes que se reúnen cada semana como un gran grupo para actividades de apertura/juegos/adoración, y luego se dividen en grupos más pequeños de chicos y chicas para discusiones y ejercicios en las sesiones. Al reunirse una vez a la semana, tomará diez semanas para terminar todo el currículo.
- Los adolescentes asisten a un retiro de un fin de semana o a un campamento de una semana, donde la experiencia de los grupos pequeños

es combinada con un retiro típico para jóvenes o actividades de un campamento para jóvenes.

- Los adolescentes se reúnen con su grupo pequeño dos veces por semana por dos horas después de la escuela o por las noches en la iglesia o en una casa. Reunirse dos veces a la semana por dos horas daría el tiempo necesario como para completar el currículo en cinco semanas.

→ Cómo crear el ambiente correcto

Los adolescentes (como los niños y los adultos) quieren ser amados, apoyados y alentados. Sus experiencias de vida a menudo les enseñan que expresar esas necesidades muestra debilidad—y la debilidad es una desventaja para los adolescentes traumatizados. Tienen las mismas necesidades que tenían cuando eran niños, pero han aprendido estrategias de supervivencia de adultos. Las barreras emocionales de protección han sido construidas y no son fáciles de cruzar.

Mucho más importante de que el grupo sea divertido o "cool" es que se sienta acogedor, tolerante, inclusivo y emocionalmente seguro. El mejor ambiente de sanación para un adolescente es un lugar donde los participantes se sientan seguros como para ser ellos mismos y tengan confianza como para compartir sus pensamientos e historias.

Esto puede ser desafiante porque un mecanismo de defensa común para los adolescentes emocionalmente heridos es reírse o despreciar a otros. Esta reacción protege la inseguridad del bravucón, pero llevará a la hostilidad y la inseguridad a otros miembros del grupo, de manera que evitará que estos participen activa y completamente. Las reglas básicas creadas por el grupo en la primera sesión pueden ayudar a evitar esta situación y proteger la seguridad emocional de todos los participantes.

Una idea para ayudar a que los adolescentes tengan un sentido de pertenencia al grupo es invitarlos a que le den un nombre al grupo. Algunos pueden darse un nombre real, o llamarse "grupos de supervivencia" o "grupos de sanación", mientras que otros pueden elegir "grupos pequeños" o "grupos de vida."

→ Perfil de un buen facilitador de adolescentes

Los buenos facilitadores de adolescentes no necesitan ser jóvenes, rudos y tatuados, aunque no hay nada malo en ello. Primordialmente, los facilitadores deben:

- Estar genuinamente interesados en los jóvenes con los que están trabajando,
- Estar listos a escuchar y aprender,
- Ser ellos mismos estables emocionalmente,
- Estar comprometidos con la sanación de los corazones de los adolescentes,
- Conocer sus propias limitaciones,

- Estar firmes en su propia fe, y,
- Amar a la gente de este grupo etario.

Los facilitadores de adolescentes efectivos no deben temer a reírse de sí mismos. Se involucran en actividades con los adolescentes y saben cómo mantener el delicado equilibrio entre divertirse y relacionarse con ellos sin tratar de convertirse en su par.

→ Cómo responder preguntas

La adolescencia es un tiempo para hacer preguntas; y los adolescentes tienen muchas de ellas; y así debe ser. Ellos están tratando de descubrir quiénes son y cómo encajan en el mundo, qué es verdad y qué no lo es, en quién confiar y de quién deben preocuparse, entre muchos otros temas.

A veces sus preguntas parecerán como desafiantes o contradictorias, y se torna crítico para las vidas de los adolescentes que los adultos respondan con gracia y comprensión—pero también con verdad y sabiduría. Para los adolescentes que han crecido en la iglesia es normal y bueno cuestionar asuntos de su fe a medida que transitan hacia una expresión adulta de su creencia y cómo la misma debe afectar su interacción con el mundo.

Los facilitadores deben celebrar las preguntas. Si una pregunta es respecto a un asunto espiritual, siempre que sea posible responda con una segura tranquilidad basándose en la Biblia o en la enseñanza de tu comunidad de fe. También es útil decir simplemente: "No conozco la respuesta, pero podemos explorarla juntos."

→ Consideraciones legales

- Asegúrate de que los adolescentes tengan el formulario de autorización firmado por sus padres o tutores antes de participar en el programa (véase el Apéndice 2).
- Los facilitadores deben proveer pruebas de que han cumplido con los requisitos legales para los puericultores en su estado o jurisdicción, especialmente con respecto a ofensas sexuales.
- Dos facilitadores adultos deben estar con el grupo pequeño en todo momento. Esto provee un testigo en caso de acusaciones de inconducta, y un respaldo en caso de que un adolescente se desmorone y necesite aconsejamiento personal.
- Averigua las políticas gubernamentales concernientes a los adolescentes en tu área y cúmplelas. Para protegerte a ti mismo y a los adolescentes en tu grupo, conoce las leyes de notificación obligatorias que aplican en las situaciones donde sospechas que pudo haber abuso físico o sexual. Asegúrate de que los adolescentes conocen tus responsabilidades legales de informes y que comprenden por qué necesitarás cumplir con eso.

→ Remisiones

Nuestro entrenamiento y proceso de certificación en la sanación del trauma no califica a los participantes para practicar aconsejamiento en salud mental, y no reemplaza la necesidad de profesionales en salud mental, como un consejero o un psicólogo. Los facilitadores de un grupo de sanación deben estar preparados para situaciones que requieren ayuda profesional para los adolescentes a su cuidado, y deben haber establecido relaciones con calificados profesionales en salud mental para remisiones **antes** de comenzar el ministerio de sanación del trauma.

SESIÓN 1. ¿SOY IMPORTANTE PARA ALGUIEN?

Suministros necesarios:

- *La vida duele, El amor sana* (diario de adolescentes), una copia para cada participante
- Una hoja grande de rotafolio (o una pizarra blanca)
- Una computadora portátil con conexión a Internet o un video descargado
- Biblias para que usen los adolescentes (véase nota en la página 15)
- Una hoja de papel blanco para impresora
- Lápices o marcadores de colores

Al finalizar esta sesión, los adolescentes deberían entender:

- El grupo es un lugar acogedor e inclusivo
- El grupo es un lugar seguro dirigido por facilitadores confiables
- Dios los creó singularmente
- Ellos fueron creados para estar en comunidad con otros

1. Conociéndose mejor (25 min)

Crea un ambiente acogedor e inclusivo para que los adolescentes se sientan emocionalmente seguros. Querrás que se conozcan mejor y que se sientan seguros en la confianza que depositan en ti como líder, a fin de que se sientan cómodos para participar en el grupo. Deja en claro que se recomienda ampliamente la total participación en las actividades para que el programa resulte realmente útil, pero que la participación en el grupo no es un requisito. Esta tranquilidad puede ser útil para quienes son cautelosos en cuanto a sus emociones o son extremadamente tímidos.

Emplea dos actividades que rompan el hielo para comenzar la sesión. Esas actividades buscan que los adolescentes se conozcan, y crear un ambiente acogedor. Escoge "Dos verdades y una mentira" o "La entrevista," y luego haz "Describiéndome."

Dos verdades y una mentira

Los adolescentes piensan tres cosas sobre ellos mismos que pueden no ser conocidas por los otros en el grupo. Dos son ciertas y una no lo es. Haz que por turnos los adolescentes compartan los tres "hechos" y que el resto del grupo vote sobre cuáles son verdaderos y cuál es falso. *Opción:* Si quieres que sea un juego competitivo, los adolescentes cuyos "hechos" son adecuadamente detectados como verdaderos o falsos por el grupo deben sentarse. Los que al final de juego siguen de pie son los ganadores.

La entrevista

Divide a los adolescentes en grupos de dos o tres y haz que se entrevisten entre sí en tres minutos. Cada persona debe encontrar tres hechos interesantes sobre los entrevistados. Haz que todos vuelvan y presenten tres hechos sobre cada uno de los otros al resto del grupo. Controla el tiempo en este juego. Haz que sea algo fluido.

Describiéndome

Con el grupo de pie conformando un círculo, haz que los adolescentes, por turno, digan su nombre y añadan una palabra descriptiva al mismo. La palabra debe describir una característica de ellos y comenzar con la misma letra de su nombre, como Alegre Andrés, Fuerte Félix o Pícara Pamela. Para más diversión, pídeles que realicen una acción que vaya con el adjetivo. Recorre el círculo, y pídeles que cada uno repita el nombre previo (y su acción), y que luego digan el suyo. ¡La última persona tiene que recordarlos a todos!

---

2. Escribe las reglas básicas (10 min)

Cada uno en el grupo necesita sentirse cómodo como para compartir sus ideas e historias sin temor al ridículo. Crea algunas guías o "reglas del grupo" con aportes de los adolescentes. Asegúrate que todos tengan la oportunidad de participar.

Si la confidencialidad no es mencionada, asegúrate que surja una discusión sobre su importancia. Confidencialidad significa comprometerse unos con otros en cuanto a mantener en privado lo que se comparta en el grupo.

Una buena guía incluye asistir a todas las sesiones, mostrar respeto unos a otros, asegurarse de que todos tengan la oportunidad de hablar y no permitir desprecios. Que no sea una lista demasiado larga.

---

3. Presenta los diarios de los adolescentes (5 min)

Cuando entregues los diarios de los adolescentes, comienza una discusión sobre el propósito del grupo: "A cada uno de nosotros le han sucedido cosas difíciles en la vida. La vida es difícil para todos de vez en cuando, pero a veces suceden cosas realmente malas que cambian nuestra vida completamente. Esas dificultades a menudo son llamadas experiencias traumáticas."

PREGUNTA DE DISCUSIÓN

- ¿Qué crees que es el trauma?

Acepta toda respuesta. Escribe las respuestas sobre la pizarra blanca o el rotafolio. A efectos de este currículo, **el trauma es cualquier evento que hace que una persona se sienta abrumada por un temor intenso, indefensa o por el horror de enfrentar a la muerte o es forzada a una actividad sexual.**

Haz que los adolescentes abran sus diarios de adolescentes en la carta a los adolescentes en la página 11. Lee la carta en voz alta mientras que los adolescentes la leen también en sus libros.

¡Bienvenido!

Estamos felices de que te hayas unido al grupo. La vida puede lastimarnos profundamente, pero hay esperanza. En el tiempo que compartiremos, haremos un corto viaje. Echaremos un vistazo y exploraremos por nosotros mismos algunas cosas que han ayudado a otros a recuperarse de los dolores de la vida, enfrentar nuevos desafíos y encontrar el gozo en la vida.

Enfrentar nuestro dolor implica coraje, pero no necesitamos enfrentarlo solos. En diez sesiones estaremos hablando sobre el trauma y de cómo nos afecta. El trauma lastima nuestro corazón, y las heridas necesitan ser tratadas o nos llevarán a complicaciones más profundas. Juntos, aprenderemos cómo pueden ser remendados nuestros corazones heridos. Finalmente, hablaremos sobre la sanación que viene de Dios, ¡que nos conoce mejor de lo que nos conocemos a nosotros mismos!

Una de las maneras en las que hablaremos sobre el dolor y la sanación es siguiendo la historia de Tony y Violeta, al ver cómo lidian con sus propios corazones heridos. Su historia es incluida en este diario, que es un lugar para expresarte completa y privadamente. Este diario es tuyo, por lo tanto, úsalo como te parezca. Mantenlo privado o comparte algunas partes con los que están cerca de ti. Es tu decisión.

El equipo del facilitador está aquí para servirte como guía en tu viaje, señalando hacia cada punto de referencia y haciendo que las cosas fluyan. También haremos que este grupo sea un lugar seguro para cada uno de ustedes para que sean lo que realmente son—y experimenten el amor transformador de Dios para ustedes.

Puedes esperar algunos momentos desafiantes a medida que caminas hacia la sanación, confiando en que te conectarás con Dios y con la gente alrededor de ti en el proceso. También tendrás oportunidades para reír y divertirte. Esperamos que este viaje sea una experiencia que te prepare para el futuro y te lleve algunos pasos más cerca de la esperanza.

¡Nos agrada realmente que estés aquí!

Tu equipo guía

4. Historia—"Solo" (10 min)

NOTA: No pidas a los adolescentes que lean a menos que estés seguro que lo pueden hacer. Algunos no saben leer, otros son demasiado tímidos. Que un adulto lea la historia, o pregunta: "¿Quién es bueno leyendo historias?". La meta aquí es que la historia sea fácilmente comprendida y leída con buena expresión para darle vida.

Tony se despertó por los gritos de los vecinos en la planta baja. *Esto es raro*, pensó. Usualmente sus peleas son más tarde, cuando se despiertan con la resaca. Él agarró su teléfono. Estaba muerto. Uf. Eso significaba que la alarma no había sonado y llegaría tarde a la escuela otra vez. También significaba que llegaría tarde al desayuno gratis de la escuela. *Y bueno, es bastante malo. No me perdí de mucho.*

Tony ya había llegado tarde tres veces este otoño. Él seguía tomando el turno de cierre en la tienda de la esquina. Era buenísimo que los dueños de la tienda confiaran tanto en él, pero trabajar hasta las 2 de la mañana hacía que levantarse para ir a la escuela fuera realmente difícil. Se levantó de la cama, se vistió rápidamente y se dirigió a la cocina, y agarró una banana para el camino a la escuela.

El departamento estaba vacío excepto por Ben, que estaba desmayado sobre el sillón. Ben se había mudado este verano, después de que la madre de Tony, Jacqueline, lo conoció en el bar. Mayormente, Ben miraba la TV, bebía y cobraba el subsidio por desempleo, pero al menos ayudaba a pagar el alquiler. También había traído a Violeta, su hija, a vivir con ellos.

Violeta era estudiante de segundo año. Se llevaban bien, pero no hablaban mucho. Tony sabía que su madre había muerto de cáncer algunos años atrás, pero no conocía los detalles. *"¡Es mejor que la prisión!"*, pensó. El papá de Tony estaba preso de por vida por un asesinato relacionado con las drogas. Esperar no ser como su padre era una de las razones por las que Tony todavía estaba en la escuela.

El recordatorio lo dejó pensando sobre las probables consecuencias de llegar tarde otra vez. Castigo, por lo menos. Sabía que hoy se perdería el baloncesto JV. *Mejor así, pensó, probablemente no podría mantener mi trabajo y seguir en el equipo de todos modos.* No iba a estar en el equipo universitario como estudiante de cuarto año—ni probablemente de último año—¿cuál es el punto, entonces?

Tony reorganizó su camino a la escuela, y ajustó la capucha de su sudadera para evitar el frío. Desearía que su teléfono funcionara para escuchar algo de música. Trataba de recordar si tenía tareas de matemáticas para entregar, cuando vio una figura familiar parada fuera de la lavandería en la esquina.

Él y Raymond habían sido los mejores amigos desde que Tony tenía cinco años y su familia se mudó a los residenciales. Raymond había vivido con su abuela hasta que ella lo echó el último año cuando lo expulsaron por vender hierba. Raymond estaba en contacto con una pandilla y siempre estaba en problemas por no poder pagar lo que debía. Fumaba demasiado de lo que se suponía tenía que vender.

"¿Qué tal, T. S.?" dijo Raymond.

"Todo igual, Rayray. ¿Cómo andas?" Respondió Tony.

"Hermano, nadie me llama Rayray excepto mi abuelita," dijo Raymond. "No lo hagas más o arruinarás mi reputación." Y golpeó a Tony en el hombro.

"Vamos," dijo Tony. "Nunca has tenido una reputación, no seas tonto. ¿Qué estás haciendo por aquí? Pensé que estabas viviendo con tu primo."

"Sí," dijo Raymond. "Te envié un mensaje de texto ayer a la noche. Estoy en problemas con unos tipos porque perdí." Su voz se debilitó.

"¿De qué estás hablando, Ray? ¿Qué tipo de problemas?"

Raymond agarró a Tony por la sudadera con ambas manos y lo acercó. "Tony, no entiendes. Esta vez metí la pata hasta el fondo." Antes de que pudiera decir algo más, escucharon a alguien que llamaba a Raymond. Un auto dio la vuelta en la esquina.

"Tony, rápido. ¡Vete de aquí!", susurró Raymond, y empujó a Tony hacia la puerta de la lavandería. Tony dio un salto hacia adentro y se subió a las secadoras para poder ver por la ventana. El auto se detuvo lentamente y Raymond fue hacia el chofer, saludando con su mano mientras hablaba. Tony se preguntaba quiénes serían los tipos del auto y qué había hecho Raymond esta vez. Parecía que siempre entraba y salía de grandes líos …

De repente, Raymond estaba gritando. Se apartó del auto con las manos levantadas. Hubo tres o cuatro fuertes chasquidos, y el auto se alejó calle abajo chirriando los neumáticos. Raymond cayó al costado de la acera.

Tony había escuchado tiros antes. El siguiente sonido fue él mismo gritando: "¡RAYMOND!" Tony saltó de la secadora y se dirigió a la puerta. La manga de su sudadera se enganchó en un clavo; él la rompió para liberar su brazo y siguió moviéndose. De alguna manera llegó hasta donde estaba Raymond y lo levantó en sus brazos.

Su amigo no respondía. Tony lo sacudió. "Raymond, quédate conmigo. ¡No te mueras! ¡No puedes dejarme!"

Tony miró a la gente que se reunía alrededor de ellos y gritó que alguien llamara a una ambulancia. Pero él sabía que Raymond estaba muerto. Había mucha sangre. Tony apretó a su amigo entre sus brazos y empezó a moverse hacia adelante y hacia atrás. Cuando escuchó las sirenas a la distancia, comenzó a sollozar. Se quedó helado. La policía llegaría muy pronto. ¿Le harían preguntas? ¿Sospecharían de él? Lo llevarían a la estación de policía. Si bien no había visto la cara del tirador, él sabía qué sucedería si alguien pensara que él vio algo.

Tony apoyó a Raymond suavemente sobre la vereda. Lo miró por última vez, tirado sobre un charco de sangre, tan inmóvil como si estuviera durmiendo. Entonces, se fue.

PREGUNTAS DE DISCUSIÓN

1. ¿Qué sabes sobre la vida de Tony?
2. ¿Por qué es que Tony pudo sentirse estresado incluso antes de que le dispararan a Raymond?
3. ¿Cómo es que circunstancias fuera de tu control pueden hacer que te sientas insignificante?

5. Presenta la Biblia (10 min)

(Véase la sección en la Introducción sobre cómo usar la Biblia con este programa.)

PREGUNTA DE DISCUSIÓN

- ¿Qué sabes sobre la Biblia?

Esperamos que recibas una respuesta positiva de los adolescentes en tu grupo. Entre las muchas respuestas posibles, podrás encontrar a algunos adolescentes con trasfondos que hayan producido en ellos una actitud negativa hacia la Biblia, la iglesia, los cristianos o cualquier otra conexión religiosa. Algunos pueden ser "resistentes a la Biblia" por haber tenido alguna experiencia negativa en la iglesia o con alguien que se identificaba como cristiano. Sé sensible a las reacciones negativas cuando saques tu Biblia.

Haz que los adolescentes tomen parte de una breve discusión usando estos posibles temas de conversación:

- Como líder, habla sobre cómo influyó la Biblia en tu vida.
- Cuando estemos juntos usaremos la Biblia para que nos ayude a guiarnos en un viaje de sanación.
- La Biblia es el *bestsellers* de todos los tiempos (más de 5000 millones de copias en distribución).
- Personas de diferentes religiones la tienen en alta estima.
- Ha soportado la prueba del tiempo durante siglos.
- Su confiabilidad como registro histórico ha sido bien documentada mediante otros escritos y la arqueología.
- La Biblia afirma decirnos quién es Dios y lo que él ha hecho.
- Los adolescentes no necesitan aceptar la verdad de la Biblia para participar en el grupo, pero deberían permanecer abiertos a la posibilidad de que la Biblia podría tener algo para ofrecerles.

6. Enfoque bíblico—El diseño original de Dios (45 min)

A. Creados por Dios

En la historia, vemos que Tony está debatiendo con todo lo que sucedió, y confundido. Ahora está conmocionado, pero a su tiempo, quizá incluso pronto, probablemente comenzará a hacerse preguntas realmente importantes sobre por qué le están sucediendo estas cosas. Antes de que intentemos responder esas preguntas, necesitamos comenzar por el principio. Y para empezar, necesitamos mirar al mismísimo comienzo del mundo y cómo lo creó Dios.

Mira el video o lee Génesis 1:1–31

Mira este u otro video que te guste sobre la historia de la creación, o lee Génesis 1:1–31. Este video presenta la palabra hablada contando la historia de la creación: https://www.youtube.com/watch?v=N_QmakN3pt8

PREGUNTAS DE DISCUSIÓN

1. ¿Has escuchado esta historia antes?
2. ¿Es diferente esta historia a la que tú recuerdas?

Antes de que algo fuera creado, Dios estaba allí. Dios creó la tierra y sopló vida sobre ella. Pero de todas las cosas vivas, solo los humanos fueron creados a la propia imagen de Dios.

Lee Génesis 1:27

Dios hizo al hombre y a la mujer intencionalmente "a su imagen." Esa es una manera poética de decir que Dios los hizo a su semejanza. A diferencia del resto de los animales, Dios creó a los humanos con la capacidad de tener una relación con Dios, de conocerlo y hablar con él. Ese es el diseño original de Dios para nosotros.

A Adán y a Eva se les dio un hermoso jardín para que vivan y lo cuiden. ¡Ellos pasaban el tiempo con Dios como amigos! En las mañanas, Dios y Adán caminaban en el Jardín del Edén y hablaban. No recibieron un montón de reglas que debieran seguir, porque el mundo era un mundo perfecto. Había solo una cosa que Dios les pidió que hicieran. Podían comer de todo árbol del jardín, excepto de uno. Solo eso.

La manera en que Dios diseñó a los humanos era para estar en una relación perfecta con él y unos con otros. En el diseño original de Dios no había sufrimiento y no sucedían cosas malas—nunca, en ningún momento. Había una completa armonía en toda la naturaleza. Había una perfecta paz entre Dios y ellos, y entre ellos. Detente y piensa sobre eso.

PREGUNTAS DE DISCUSIÓN

1. ¿El diseño original de Dios se parece al mundo que conoces? ¿De qué manera es igual o diferente?
2. ¿Crees que una historia diferente de nuestros orígenes afectaría a cómo nos vemos a nosotros mismos? Por ejemplo, si creemos que no hubo un creador y que todo en la vida simplemente sucedió por casualidad, ¿cómo afectaría eso nuestro sentido de propósito en la vida? ¿Nuestro valor?

Búsqueda de versículos

Busca estos versículos (o haz que individuos o entre dos de tu grupo los busquen). Pregúntale al grupo si la imagen de Dios en esos pasajes es similar o diferente a lo que conocen ahora.

- Mateo 9:36
- 1 Pedro 5:7
- Romanos 8:38–39

B. Valorados como únicos en su tipo

No solo fuimos hechos a la imagen de Dios, también fuimos diseñados—y valorados—como algo único, especial.

Lee Salmo 139:13–16

A mucha gente se le dificulta tener una imagen positiva de sí misma. A veces, no nos gustamos. Eso se debe a que a menudo lo que pensamos de nosotros mismos está basado en cosas que hacemos, en nuestras notas en la escuela, en cosas que tenemos o en lo que otros piensan de nosotros. Y dado que esas cosas van y vienen, tiene sentido que a veces sentimos que nuestro valor es más alto o más bajo.

Cuando nos suceden cosas malas, se siente como si parte de lo que somos se nos ha quitado. Una pérdida grave puede afectar nuestra identidad. Sentimos como que ya no sabemos quiénes somos. A menudo, quedamos como si no valiésemos nada. Este sentimiento de no tener valor se llama vergüenza, y es el tema del que queremos hablar más en la siguiente sesión.

La realidad de la situación, como nos recuerda la Biblia, es que tú importas porque fuiste planeado y creado por Dios. Nada puede cambiar eso. Incluso antes de que nacieras, Dios te conocía. Él sabía los dones que tienes y las cosas que desearías que fueran diferentes. Sin que importen tus circunstancias, tienes valor simplemente porque fuiste creado por Dios.

PREGUNTAS DE DISCUSIÓN

1. ¿Cómo respondes a las palabras de este salmo?
2. ¿Qué piensas de la idea de que Dios te creó?
3. ¿Qué hay en ti de lo que puedas estar orgulloso?

Actividad—"Yo soy"

Haz que los adolescentes escriban su nombre o "Yo soy" en el medio de una hoja de papel; luego usarán el resto del espacio para mostrar quiénes son. Pueden escribir un poema o canción, hacer un dibujo o símbolos, escribir algunas palabras (buenas o malas) que los describen bien, incluyendo sus emociones y características de su personalidad. Deben sentirse libres para ser tan creativos o simples como quieran. Una sugerencia útil para cualquiera que esté lidiando con esta actividad es hacerlos pensar sobre cómo los describirían las personas importantes en sus vidas. Ten a mano marcadores o lápices de colores para que puedan usarlos.

C. Creados para vivir en comunidad

Invita a los adolescentes a compartir con el grupo algunos adjetivos que ellos usan para describirse a sí mismos.

PREGUNTA DE DISCUSIÓN

- ¿Las palabras que usas para describirte, son similares o diferentes de las usadas por otros en el grupo?

Temas de conversación (los temas de conversación es información para que la digieras con anticipación y la uses para guiar la discusión):

- Las cosas que nos hacen diferentes son importantes—pero una de las razones por la que son importantes se debe a que nuestras diferencias son algo que podemos compartir con otros. Necesitamos nuestras diferencias porque Dios nos creó para necesitarnos unos a otros.

- Somos creados para formar y gozar juntos de una comunidad. Es parte de nuestro diseño. Los seres humanos son seres sociales.

- Una manera importante para comenzar la sanación del trauma es aprender—o reaprender—que no estás solo. Cuando nos suceden cosas traumáticas, usualmente nos avergonzamos e incomodamos por esas cosas. Podemos asumir que nadie comprenderá. Podemos pensar que de alguna manera seremos culpados por el evento. La vergüenza hace que escondamos nuestros sentimientos de otras personas. Nos desconectamos de nuestra comunidad, nuestros amigos, nuestra familia. Nos aislamos. Y el aislamiento no es algo bueno para nosotros (Génesis 2:18a; Eclesiastés 4:7–12).

- Queremos que este pequeño grupo se convierta en un vivo ejemplo de los efectos positivos de estar en comunidad con otros, de compartir nuestras ideas e historias, y de escucharnos unos a otros. Aprender a cómo no estar solo—descubrir en quién puedes apoyarte, en quién puedes confiar para que escuche tu historia—puede ser el comienzo de tu viaje de sanación.

7. Pregunta del Diario (10 min)

¿De qué manera fuiste singularmente hecho? ¿Qué te hace destacar (o apartarte) de la multitud? ¿En qué eres bueno?

SESIÓN 2. SI DIOS ME AMA, ¿POR QUÉ ME DUELE TANTO?

Suministros necesarios:

- Dos pequeños espejos
- Un poco de vaselina o agua
- Cinta masking
- Computadora portátil con conexión a Internet o un video descargado
- Una pizarra blanca con marcadores o un rotafolio sobre un caballete o pegado a una pared

Al finalizar esta sesión, los adolescentes deberían entender:

- Los orígenes del sufrimiento
- Que vivimos en un mundo caído
- Que muchos inocentes son victimizados por las circunstancias u otras personas

---

1. Rompehielos—La selfie (5 min)

Pregunta: Si pudieras tomarte una selfie con cualquier persona del pasado o el presente y estar dos horas con ellos, ¿quién sería y por qué? Comparte tu respuesta con el grupo.

Conclusión del rompehielos: El objetivo es continuar creando un espacio donde los adolescentes se sientan cómodos compartiendo y reconectándose seguros en el grupo. Alienta a los adolescentes a pensar realmente sobre por qué eligieron a la persona que eligieron.

---

2. Historia—"Salir de aquí" (10 min)

Tony corrió mucho, zigzagueando por calles y callejones, sin siquiera saber a dónde iba. Solo cuando se detuvo, sin aliento, se dio cuenta que tenía sangre sobre su sudadera y en sus manos. Miró sus manos, pero en su cabeza estaba mirando a Raymond nuevamente. Su estómago se convulsionó y vomitó en el callejón. Una vez que pudo ponerse de nuevo de pie, comenzó a ir hacia su casa cuidadosamente, mirando por sobre sus hombros para ver si alguien lo seguía. Abrió la puerta del departamento y fue a la cocina para lavarse. Ben estaba todavía sobre el sillón. Aunque ahora estaba despierto, mirando algo desagradable en la TV. Ni siquiera miró a Tony.

Tony tiró su sudadera sobre el piso y trató de limpiarse. Cuando lavaba sus manos, Tony revivía todo vez tras vez en su cabeza. ¿Qué podría haber hecho de manera diferente? *Si solo hubiera ...* Un fuerte golpe en la puerta interrumpió sus pensamientos. Ben abrió la puerta. Después de unos pocos gruñidos, le gritó a Tony que viniera. Era la policía. El corazón de Tony comenzó a latir fuerte y rápido. Él había visto pasar cosas malas con la policía antes. ¿Tratarían de culparlo por lo de Ray?

Un par de detectives entraron y comenzaron a hacerle preguntas sobre lo que sucedió y por qué corrió. Los pensamientos de Tony estaban todos mezclados y pronto se vio llorando incontrolablemente. Entre sollozos, se las arregló para hablar sobre cómo él y Raymond habían sido mejores amigos desde que tenían cinco años. Un detective se suavizó un poco. Le pidió a Tony que contara su versión de lo que había sucedido y que dijera cómo era el auto. El detective dijo que los disparos podían estar relacionados con pandillas y que no sabía si iban a poder hacer algo al respecto. Le dejó su tarjeta con su teléfono en caso de que Tony recordara algo más.

Tan pronto como los detectives se fueron, Ben empujó a Tony contra la pared y comenzó a decir. "Muchacho estúpido. ¡Parece que hiciste que mataran a tu amigo! Y ahora tenemos a policías viniendo a la casa." Era demasiado. Enseguida Tony comenzó a gritar. Estaba feliz que su abuela no estuviera en la casa para decirle que cuidara su vocabulario.

Tony empujó a Ben cuando salió. "¡Cierra la boca y sal de mi casa!" gritó. Fue a su cuarto, dio un portazo, trabó la puerta y se tiró en la cama. Él compartía su cuarto con su hermano pequeño, Darrell, pero Darrell todavía estaba en la escuela. Estaba solo con una tormenta de imágenes en su cabeza... El borracho Ben. Su mamá trabajaba en dos lados solo para pagar ese pequeño departamento para que todos vivan en él. La madre de Violeta, que murió de cáncer. Su papá en prisión. El cuerpo de Raymond ahí tirado sobre un charco de sangre. *La abuela Rosa siempre dice que Dios nos ama, ¡pero no es posible que Dios nos ame y deje que todas estas cosas malas nos sucedan!*

Cuanto más pensaba sobre eso, más enfadado se ponía. Tony saltó, golpeó la pared y le hizo un hoyo. El agudo dolor en su mano lo sacó de sus pensamientos y se dio cuenta de que estaba sangrando.

Justo en ese momento, Violeta entró a la casa. Su padre estaba en la sala de estar, gritando y maldiciendo solo y bebiendo vodka de la botella. Tony la cruzó en la sala con una mano sangrando y una expresión de ira en su cara.

Los rumores de los tiros habían llegado a la escuela y todos estaban hablando de eso. Violeta se fue a la cama. El departamento era demasiado pequeño como para que ella tenga su propio cuarto, pero ellos habían colgado una sábana en el área del comedor para darle cierta privacidad. Ella tiró su mochila sobre la cama y fue a la cocina donde Tony estaba haciendo correr agua sobre su mano. "¿Qué paso?" le preguntó.

Tony le dio una versión corta sobre que llegaba tarde a la escuela, sobre Raymond, la policía y Ben. "Ya no puedo soportarlo," concluyó. "¡Odio todo esto! Tengo que salir de aquí."

"¿A dónde vas?" preguntó Violeta.

"No te preocupes," dijo Tony por encima del hombro. Agarró el cargador de su teléfono y dio un portazo al salir. Violeta se deslizó de nuevo detrás de su sábana y deseó que hubiera algún otro lugar a donde ir.

PREGUNTAS DE DISCUSIÓN

1. ¿Qué hizo que Tony golpeara la pared?
2. ¿Alguna vez te has sentido agobiado por las circunstancias de tu vida?
3. ¿Alguna vez te preguntaste por qué le suceden cosas malas a la gente buena?

---

3. Enfoque bíblico—¿Por qué suceden cosas malas? (35 min)

Tony había tenido uno de los peores días de su vida. Recién había visto morir a su mejor amigo, su papa está en prisión, el tipo que vive en la sala de estar de su casa es borracho y abusivo. Aun si cree que Dios existe, sin duda se pregunta por qué están sucediendo todas esas cosas malas.

Recuerda al grupo la Sesión 1, especialmente "el diseño original de Dios."

PREGUNTAS DE DISCUSIÓN

1. De acuerdo a la Biblia, ¿cuál fue el diseño original de Dios para la gente y el mundo?
2. ¿Cómo sería el mundo si hubiera continuado de acuerdo a la intención de Dios?
3. ¿Cómo describirías al mundo hoy?

La Biblia dice que el diseño original de Dios era un mundo perfecto, sin sufrimiento y dolor. Presenta un cuadro de una íntima relación entre Dios y nosotros y entre unos con otros.

Actividad—Imagen distorsionada

Antes de la sesión, busca dos espejos pequeños y mánchalos con una pequeña cantidad de vaselina o agua. Prueba los espejos para asegurarte de que tienen suficiente vaselina o agua como para distorsionar el reflejo, pero que el reflejo sea suficientemente claro para que, con un poco de esfuerzo, los adolescentes sepan cuántos dedos se levantan de la mano de alguien que esté cerca.

Divide a los adolescentes en dos grupos y hazlos formar en dos filas, cada una detrás de una silla. Haz que las dos personas que están justo detrás de las sillas se sienten en ellas. Dales los espejos manchados. Pídeles a los adolescentes parados que retrocedan un paso. Pon un trozo de cinta masking sobre el piso, detrás de las sillas, para indicar dónde deben pararse cuando llegue su turno.

Esta es una competencia para ver qué equipo puede descifrar antes la imagen distorsionada en el espejo. Con el "¡Ahora!" las personas sentadas en la silla usarán el espejo para mirar sobre sus hombros y ver cuántos dedos levantó la persona que está detrás. Cuando lo han dicho correctamente, van hasta el final de la fila y el que había levantado los dedos se sienta para indicar el número de dedos levantados de la siguiente persona en la fila. Instruye a la persona que levantará sus dedos que deben mantener sus manos en frente de su pecho a fin de que el resto de los miembros del equipo no puedan ver y gritar la respuesta a la persona con el espejo. Si alguien grita la respuesta, la persona que está levantando la mano debe comenzar de nuevo con otro número. El primer equipo cuyos jugadores aciertan los números primero gana. Felicita al equipo que termina primero.

PREGUNTAS DE DISCUSIÓN

1. ¿De qué manera eran diferentes los espejos de lo que pensabas que serían?
2. ¿Qué pudiste ver reflejado en ellos?
3. ¿Qué fue difícil para ver en ellos?

Libre para desobedecer

En algún momento, probablemente habrás sacado una foto, o incluso una selfie. Algunas de tus fotos pudieron haber sido buenas—incluso dignas de ponerlas en un perfil—pero otras no fueron tan buenas. Estaban borrosas, las cabezas estaban cortadas, o no pudiste alejar tu brazo lo suficiente como para que todos salgan en la foto. Cuando tienes una foto que no te gusta, a menudo culpamos a la cámara; sin embargo, la mayoría de las veces se debe a algo que nosotros hicimos, o no hicimos—no sostener la cámara inmóvil, elegir el ajuste equivocado, enfocarnos en el punto equivocado. A veces tratamos de sacar una foto con un lente rayado.

Asimismo, es fácil ver que algo ha cambiado desde el diseño original de Dios. Nuestras relaciones se estropean fácilmente. Nos sentimos solos. Todavía podemos ver bondad y belleza en el mundo, pero se sienten distorsionadas y borrosas, como la imagen que viste en el espejo. ¿Qué sucedió?

¿Recuerdas la única regla que Dios dio a Adán y Eva en el jardín? Ellos podían comer de todo en el jardín, excepto del fruto del árbol del conocimiento del bien y del mal. Adivina qué.

Mira el video o lee Génesis 3:1–19

Mira este video o algún otro que prefieras sobre la historia de la caída, o lee Génesis 3:1–19. Este video presenta la historia hablada de la caída: https://www.youtube.com/watch?v=f1Z9No9TPHM

PREGUNTAS DE DISCUSIÓN

1. ¿Qué piensas sobre este video (o pasaje bíblico)?
2. ¿Qué dice Dios que sucedería a causa de sus acciones?
3. ¿Por qué crees que suceden las cosas malas?

El nombre para la desobediencia de Adán y Eva es pecado. Y su elección tuvo consecuencias. Su perfecta relación con Dios y entre sí fue quebrada, y eso no solo los afectó a ellos sino a todos nosotros que vinimos después. La muerte entró al mundo. En realidad, todo el mundo fue afectado—incluso la tierra—debido al pecado (Génesis 3:17–19; véase también Romanos 8:20–23).

Esa es la situación en la que aún vivimos. El pecado y la separación de Dios resultan en que la gente continúa eligiendo hacer lo malo y practicar la maldad. Todos pecamos y a menudo gente inocente—niños, especialmente—se convierten en víctimas de las malas elecciones que nosotros y otros tomamos.

Dios promete, en Génesis 3:15 y en muchos otros lugares de la Biblia, hacer algo respecto al pecado y sus consecuencias. Volveremos a eso en una sesión posterior.

Indica a los adolescentes que vayan a la página 26 de sus diarios, donde pueden tomar notas de esta discusión, "¿Por qué suceden cosas malas?"

Temas de conversación:

- Dios les dio a Adán y Eva y a sus descendientes la capacidad de elegir sus propias acciones, y el poder de hacer cambios en el mundo (Génesis 1:28).
- La desobediencia de Adán y Eva abrió la puerta a la muerte y comenzó un patrón de rebelión humana contra el diseño de Dios (Génesis 6:5; Romanos 5:12).
- Nos resistimos a seguir el diseño de Dios porque queremos vivir la vida a nuestra manera, ponernos primero nosotros para seguir nuestros deseos. Pero como estamos separados de Dios, no sabemos qué es lo mejor para nosotros, y nuestras elecciones rara vez funcionan como queremos que lo hagan (Proverbios 11:5; 12:15; Romanos 8:5–8).
- Por nuestros propios deseos, nuestros temores y orgullo, nuestra necesidad de ser aceptados, y cosas por el estilo, a menudo nos entregamos al pecado.
- Cosas malas le suceden a la gente buena porque nuestras acciones todavía pueden cambiar el mundo alrededor de nosotros. Por eso, a veces la gente inocente es víctima de los errores de otras personas y su decisión de pecar.
- A veces sí buscamos hacer cosas malas, hirientes o malintencionadas a otros; otras veces nos hacen cosas malas a nosotros.
- Cuando nos sucede algo malo, usualmente queremos desquitarnos. Eso puede llevarnos a un ciclo de malos eventos del que es difícil escapar y que puede atraer a otros al mismo.

4. Culpa y vergüenza (30 min)

PREGUNTAS DE DISCUSIÓN

1. ¿Alguna vez has hecho algo malo y te sientes mal por ello?
2. ¿Cuál es la diferencia entre culpa y vergüenza?

Temas de conversación:

- La culpa es una respuesta emocional normal cuando hemos hecho algo que sabemos que no es correcto, algo por lo que deberíamos pedir perdón.
- La culpa también puede llevar a la vergüenza, que es el sentimiento de que eres una mala persona, no solo que has hecho algo malo.
- A veces, otra gente nos dice que no servimos para nada que no somos importantes para ellos ni para nadie más. Si llegamos a creer eso, sentimos un profundo sentido de vergüenza.
- Los mensajes de vergüenza—ya sean los que nos contamos a nosotros mismos o los que escuchamos de otros—no son ciertos. No es que no servimos para nada. Dios nos creó a su imagen. Dios nos ama incondicionalmente, lo que significa que nos ama sin importar lo que hagamos o lo que nos hagan.
- La manera en que Dios nos ve no está basada en lo que hacemos o lo que nos hacen. La mejor manera de comprender nuestra importancia e identidad es a través de la manera en que Dios nos ve. Lee Romanos 8:38–39, y a medida de que lo leas di algo como "nada de lo que has hecho o te ha sido hecho puede separarte del amor de Dios."
- Cuando nos sentimos culpables por cosas que no son nuestra culpa, nos duele, o cuando sentimos vergüenza y que no servimos para nada por la mala conducta de otras personas.

Actividad en el diario—Culpa y vergüenza

Remite a los adolescentes al ejercicio de Culpa y vergüenza en sus diarios, comenzando desde la página 27.

---

5. Heridas del corazón versus heridas físicas (30 min)

Antes de esta sesión, prepara un rotafolio con dos columnas anchas, y escribe "Heridas físicas" como título de la columna de la izquierda, y "Heridas del corazón" en la columna de la derecha. Rellena la columna de la izquierda con las características de las heridas físicas como se ve en el siguiente cuadro.

Heridas físicas	Heridas del corazón
Son visibles.	Son invisibles, pero se ven en el comportamiento de la persona.
Son dolorosas, y deben ser tratadas con cuidado.	Son dolorosas, y deben ser tratadas con cuidado.
Si son ignoradas, es probable que empeoren.	Si son ignoradas, es probable que empeoren.

Heridas físicas	Heridas del corazón
Deben ser limpiadas para eliminar cualquier objeto extraño o suciedad.	El dolor tiene que salir hacia afuera. Si hay algún pecado, el mismo debe ser confesado.
Si una herida sana en la superficie con infección todavía dentro, hará que la persona se enferme mucho.	Si la gente simula que sus heridas emocionales están sanadas cuando en realidad no lo están, eso provocará problemas mayores a la persona.
Solo Dios puede llevar sanación, pero a menudo usa personas y medicinas para hacerlo.	Solo Dios puede llevar sanación, pero a menudo usa personas y una comprensión de cómo sanan nuestras emociones para hacerlo.
Si no son tratadas, atraen gérmenes dañinos.	Si no son tratadas, produce mal comportamiento que lleva a más dolor.
Requieren tiempo para sanar.	Requieren tiempo para sanar.
Una herida sanada puede dejar una cicatriz.	Una herida del corazón sanada también puede dejar una cicatriz. La gente puede ser sanada, pero no será exactamente la misma de como era antes de la herida.

Todos tenemos heridas del corazón. Cuando hemos sido traumatizados, nuestras heridas del corazón pueden ser muy serias y requerir tiempo para sanar. Comparar las heridas del corazón con las heridas físicas nos ayudará a comprender el proceso de sanación.

PREGUNTAS DE DISCUSIÓN

1. ¿Alguna vez tuviste una lastimadura o herida? ¿Cómo fue?
2. ¿Podían otras personas ver tu herida o comentarte al respecto cuando fuiste lastimado?
3. ¿Pueden ver otras personas cuando tu corazón ha sido herido?
4. Cuando tuviste una herida seria, ¿alguien te la limpió? ¿Cómo se sintió? ¿Por qué fue necesario? ¿Qué hubiera sucedido si no la hubieras limpiado?
5. ¿Cuánto demoró para que tu herida sanara? ¿Se sanó al día siguiente?
6. ¿La herida te dejó una cicatriz?

También necesitas cuidar a las heridas de tu corazón. Tienes que lidiar con los malos recuerdos y el dolor que causan, a fin de que la sanación se realice. Cuando cosas malas o traumáticas suceden, a menudo nos sentimos avergonzados, y queremos enterrar esos sentimientos y pretender que no ha sucedido nada.

Una manera de empezar a sanar las heridas del corazón es decirle a alguien lo que sucedió y cómo nos sentimos al respecto. Dios es el que nos sana, pero a menudo usa a personas en el proceso—como amigos y familiares donde nos sentimos seguros. Si no tratamos las heridas del corazón el dolor de ellas puede llevarnos a situaciones aún peores.

Usa el cuadro "Heridas del corazón" versus "Heridas físicas" que has preparado por adelantado para liderar la siguiente discusión. Pídeles a los adolescentes que llenen los espacios vacíos en el cuadro de la página 31 en sus diarios.

PREGUNTAS DE DISCUSIÓN

1. ¿De qué manera es similar una herida del corazón a una herida física?
2. Si el dolor de una herida del corazón no es tratado, ¿qué dolores futuros podría provocar?

Temas de conversación:

- ¿Quién tiene una cicatriz? ¿Pueden mostrarla? ¿Recuerdan qué fue lo que les causó la cicatriz? ¿Todavía duele?
- Siempre recordamos lo que nos ha sucedido, pero cuando nuestras heridas del corazón han sido sanadas, podemos recordar el evento sin sentir dolor.
- Las heridas del corazón requieren tiempo para sanar. ¡Sé paciente! Sigue contado tu historia a alguien en quien puedas confiar y dile a Dios cómo te sientes, hasta que los malos sentimientos se hayan ido. Dale tiempo a tu corazón para sanar.
- Algunas personas dicen que no deberíamos pensar o hablar de nuestros sentimientos. También dicen que no deberíamos ir a otros en busca de ayuda para nuestros problemas. Dicen que solo debemos olvidar sobre ello y seguir adelante.

PREGUNTA DE DISCUSIÓN

- ¿Estás de acuerdo con este consejo? ¿Por qué sí o por qué no?

Incluso Jesús tenía sentimientos fuertes y los compartía con sus mejores amigos. Justo antes de ser muerto, les dijo: *"Siento en mi alma una tristeza de muerte"* (Mateo 26:38).

En la siguiente sesión, analizaremos algunas maneras para conectarnos con lo que sentimos, a fin de poder dejar ir al dolor de los malos sentimientos.

---

6. Pregunta en el diario (10 min)

¿Cuáles son algunas de tus heridas del corazón?

SESIÓN 3. ¿CÓMO ME CONECTO CON MIS SENTIMIENTOS?

Suministros necesarios:

- 50 fichas o cuadrados de papel cortado: 40 de un color; 10 de otro color
- Un papel grande (papel de estraza o papel prensa) para dibujar la silueta de cada participante
- 7 globos pequeños (como globos de agua) o 7 botellas de agua vacías con sus tapas
- 1 gran balde o cubo con agua

Al finalizar esta sesión, los adolescentes deberían entender:

- Todos tenemos sentimientos complejos
- Nuestros sentimientos son respuestas normales a experiencias presentes o pasadas
- Información básica sobre la fisiología del cerebro
- Respuestas conductuales normales al peligro percibido: pelear, huir o congelarse

1. Rompehielos—Arroz y pan (5 min)

Antes de comenzar, prepara 20 fichas con varios estados emocionales escritos en ellas (sugerencias: enojado, molesto, ansioso, avergonzado, aburrido, calmo, confiado, confuso, entusiasmado, deprimido, frustrado, culpable, esperanzado, feliz, celoso, amoroso, nervioso, juguetón, orgulloso, relajado, respetado, triste, seguro, sorprendido, aterrorizado, preocupado) y ponlas en un sombrero. Los adolescentes deben pararse en un círculo. El primer adolescente debe elegir una ficha y decir "arroz," con la emoción mencionada en la ficha; otros adolescentes responden con "pan" con la misma emoción y de la misma manera. *Alienta a los adolescentes a usar sus cuerpos, tono de voz y expresiones faciales para comunicar la emoción.* Los otros adolescentes gritan con emoción lo que piensan que está siendo comunicado. Repite el proceso alrededor del círculo.

Conclusión del rompehielos: Esta es una manera segura y divertida para comenzar a presentar sentimientos, identificación y expresión al grupo. Las emociones no solo se expresan en nuestras palabras, sino en nuestro tono de la voz, nuestro cuerpo, expresiones faciales, y más. ¿Qué notaste sobre las emociones que son las más fáciles de adivinar (triste, enojado, feliz)? ¿Y de las que son más difíciles de adivinar (avergonzado, confuso, humillado)? A veces malinterpretamos los sentimientos de otros.

2. Historia—"Solitario" (10 min)

Cuando la puerta se estrelló detrás de Tony, Violeta se sentó en su cama para pensar. Lo que le pasó a Raymond la puso triste. Él era un poco vago, pero al menos había sido un buen amigo para Tony. Ella había llegado a esta parte de la ciudad desde que se mudó con Jacqueline en el verano. Se preguntaba cuál era el arreglo entre su papá y Jacqueline. Probablemente fue una mudanza por lástima, más el seguro de desempleo de su papá que ayudaba para pagar el alquiler. Lo que sea.

A medida que recreaba el día, Violeta pensó sobre cuán difíciles habían sido las cosas recientemente. Estaba en una nueva escuela y sin muchos amigos. Su nueva amiga más cercana, Jade, era bastante rara. *Yo también podría ser rara si viviera con una familia adoptiva como ella.* Muchas de las otras niñas también eran raras. Hoy, un cruel grupo de estudiantes del último curso le habían tirado al piso su bandeja del almuerzo. Al menos, Jade había venido y los había amenazado de apuñalarlos si no se iban.

Después de la escuela estaba súper hambrienta porque no había comido su almuerzo, por lo tanto paró en el minimercado. Había recogido una bolsa de papas fritas y algunos maníes mientras miraba alrededor, y entonces, sin darse cuenta de lo que estaba haciendo, había salido con la comida todavía en su mano. Nadie dijo nada, pero se sintió culpable. Ella pensó en devolverla, pero no era la primera vez que había robado algo. Quizá no le pase nada otra vez.

Entonces, recordó haber escuchado a los policías en su departamento antes. Podrían volver. ¿Y si le hacían preguntas a ella? Violeta volvió a la cocina y tiró los envoltorios a la basura. Ellos parecían mirarla como acusándola. *Ladrona despreciable.* Cerca del bote de basura ella vio la sangre de Tony, y la sudadera rasgada. La sangre le recordaba a cuando su mamá estaba en el hospital.

Exclamó. *Espera… ¿qué día es hoy? ¡Mañana se cumplen cuatro años!* El cuarto aniversario de cuando su madre se enteró de que tenía cáncer. Casi lo había olvidado. Todo el proceso había sido borroso: las visitas a los doctores, operaciones, la quimio, transfusiones, rayos, y su madre empeorando en su enfermedad… había muerto menos de un año atrás. Violeta todavía la extrañaba tanto que le dolía. Una lágrima se deslizó por su mejilla. Quizá ella había hecho algo para merecer perder a su mamá. Ese pensamiento venía algunas veces y siempre la hacía llorar.

Muchas veces, en los últimos años, se había sentido sola: cuando despidieron a su papá por estar borracho en el trabajo, cuando perdieron su casa, cuando la trabajadora social vino y amenazó alejarla de él. Pero este momento era uno de los más solitarios. Volvió a su cama, pensando sobre cuánto odiaba estar en una escuela donde nadie la entendía y vivir con otra familia en este departamento tan pequeño.

Violeta escuchó a Rosa, la abuela de Tony, llegar a casa desde el trabajo en el salón de belleza. Violeta pudo oírla tratando de comprender qué decía su papá sobre Tony. Pronto, Rosa apartó la sábana y se acercó a la cama de Violeta, probablemente para obtener más detalles.

Violeta deseaba tener una puerta. Rosa siempre era amable, pero ella no tenía deseos de hablar en ese momento. Además, no tenía deseos de hablar con

Rosa. Probablemente la echarían de la casa pronto, de todos modos. Nadie iba a alojarla para siempre con el tema de la bebida de su papá. Pretendió estar dormida.

PREGUNTAS DE DISCUSIÓN

1. ¿Cuáles son los sentimientos de Violeta?
2. ¿Está más enojada por las cosas que le están pasando ahora o en el pasado? ¿De qué manera lo que le estaba pasando ahora se conecta con lo que le sucedió en el pasado?
3. ¿Puedes recordar alguna vez cuando te hayas sentido realmente molesto? ¿Puedes hablar sobre aquel tiempo?

---

3. Identificando tus sentimientos (15 min)

Aprender a identificar qué son tus sentimientos es una parte importante de estar emocionalmente saludable. A veces no nos damos cuenta de cómo son nuestros sentimientos. Esto es especialmente cierto con personas que han sido traumatizadas. Cuando hemos experimentado un severo dolor emocional, una respuesta natural—a veces, incluso, involuntaria—es bloquear nuestros sentimientos a fin de no sentir tanto dolor. Una parte importante del proceso de sanación es permitirnos sentir nuevamente. Así como duele limpiar una herida física, a veces duele limpiar una herida del corazón. Pero debemos deshacernos de las emociones dolorosas para que nuestro corazón pueda sanar.

PREGUNTA DE DISCUSIÓN

- ¿Hay algún sentimiento que esté mal?

Temas de conversación:

- Si no sale en la discusión, recuerda a los adolescentes que no hay sentimientos equivocados. Los sentimientos son nuestra respuesta natural a cosas que suceden en nuestras vidas. No está mal tener sentimientos difíciles. La ira no es algo malo. La tristeza no es algo malo, el resentimiento no es algo malo: todos ellos son maneras saludables, normales y apropiadas para sentir, dependiendo de las circunstancias.
- No está bien que la gente nos diga cómo debemos o no debemos sentir.
- Cuando a menudo nos equivocamos es cuando permitimos que esos sentimientos produzcan conductas que nos lastiman a nosotros o a otras personas.
- Podemos aprender a regular nuestras emociones a fin de mantener el control de nuestra conducta.

Actividad—Fichas de sentimientos

Para esta actividad, usa las fichas de sentimientos del rompehielos, y pide a los adolescentes que clasifiquen emociones positivas y emociones difíciles y que definan cada emoción.

En algún momento, haz que lean la página 40 en sus diarios donde esas emociones están mencionadas.

Haz las fichas de situación. A continuación, ayuda a los adolescentes a discutir una variedad de situaciones. Esas situaciones deben tener un final abierto y estar contenidas en una sola frase (es tu graduación, llegas tarde a clase, tuviste un accidente leve con el auto, tuviste malas notas en tu examen). Esas situaciones pueden ser tanto positivas como negativas, pero evita situaciones que puedan ser demasiado traumáticas (tu padre te pegó). Haz que el grupo elija hasta quince situaciones y que la escriba en las fichas remanentes.

Juego de roles. Pídeles a los adolescentes que se sienten en un círculo. Cada persona, por turno, escoge una ficha de situación del montón (o al azar). Entonces, luego de darles un vistazo a las fichas, pone sobre la mesa la ficha de sentimientos que muestra cómo pueden sentirse en ese momento. Las fichas que muestran lo que ellos podrían sentir más intensamente en cada situación deben ser ubicadas cerca de la ficha de situación; las fichas que muestran sentimientos que ellos pueden sentir menos intensamente deben ser ubicadas alejadas de la ficha de situación.

Este ejercicio es para mostrar a los adolescentes muchas cosas:

1. Puedes tener más de un sentimiento en alguna situación.
2. Tus sentimientos pueden variar en intensidad. Mientras que uno podría ser dominante, otro podría estar presente y teniendo también un impacto en ti.
3. En la misma situación, tus sentimientos pueden ser muy diferentes a los sentimientos de otra persona. Tus reacciones dependerán en tus experiencias, personalidad, salud y muchas otras cosas.
4. A menudo, los sentimientos son apilados unos sobre otros. Por ejemplo, puedes estar enojado porque tienes miedo, o porque algo te duele, o porque sientes vergüenza por algo que hiciste.

Opcional: Al principio de cada sesión de grupo a partir de ahora, usa las fichas de sentimientos como una manera en que los adolescentes te digan cómo se están sintiendo en el momento en que llegan.

4. La máscara de la ira (15 min)

Para mucha gente, la ira es la emoción más difícil de comprender y controlar. Es raro que la ira exista por sí sola; usualmente viene de otra emoción subyacente. A menudo usamos la ira para protegernos o para tapar otros sentimientos que nos hacen sentir vulnerables. Frecuentemente sentimos algo más, incluso por un segundo, antes de sentir ira.

Podemos sentir tristeza, frustración, culpa, vergüenza, celos o humillación. Esas emociones

subyacentes pueden llevar a la ira. Cuanto más intensas sean las emociones, más intensa será nuestra ira.

Haz que los adolescentes escriban o dibujen qué sentimientos están enmascarados por su ira, en la página 41 de su diario.

5. Cómo reacciona nuestro cerebro ante el peligro
(15 min)

Nuestros cerebros tienen un papel en todo lo que hacemos, decimos o sentimos. Cuando somos confrontados por experiencias atemorizantes y peligrosas, nuestro cerebro responde diciendo al resto del cuerpo qué hacer.

Que los adolescentes miren la ilustración de la página 42 de su diario.

Una manera de resumir cómo funciona nuestro cerebro en casos de estrés es esta: tenemos un "cerebro de arriba" y un "cerebro de abajo," conectados con un tramo de escalera.

El **cerebro de arriba** es donde elaboramos nuestros pensamientos y tomamos nuestras decisiones. Es ahí donde almacenamos nuestras memorias.

El **cerebro de abajo** regula las funciones corporales que suceden sin que pensemos en ellas—el latido de nuestro corazón, la respiración y otras cosas que nos mantienen vivos. También es responsable por nuestros reflejos e instintos—especialmente el instinto de supervivencia. El cerebro de abajo no emplea tiempo para pensar como el cerebro de arriba, por lo que responde más rápido.

El tramo de escalera que conecta los dos niveles del cerebro es el **cerebro del medio**. Ese es el que anuncia a las emociones lo que está sintiendo nuestro cuerpo y se las comunica al cerebro de arriba y al de abajo.

Hay un perro guardián que vive en el cerebro de abajo. Está ahí para decirnos cuándo hay peligro—¡lo que nos ayuda a sobrevivir! El perro guardián nos urge a responder ante el peligro redireccionando nuestras energías e interrumpiendo la actividad normal del cerebro. Si bien el cerebro responde rápido, tiene un limitado rango de respuestas. Nos prepara para enfrentar el peligro, para huir del mismo o para cerrarlo completamente. Llamamos a esto la respuesta de "pelear, huir o congelarse." (También se denomina: Nuestra respuesta al estrés.)

A veces, el perro guardián percibe el peligro donde no lo hay. Cuando el perro guardián te pone en alerta para la respuesta de pelear-huir-congelarse cuando en realidad *no hay peligro*, tu cerebro de arriba, la parte pensante,

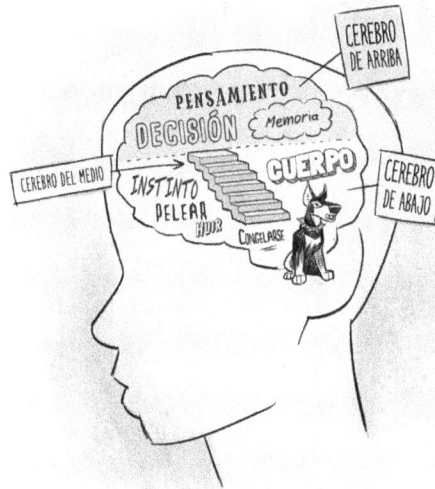

usualmente puede aquietar al perro guardián al decirle que no hay peligro y que no hay necesidad de responder.

Temas de conversación:

- Parte de nuestro cerebro de abajo está completamente desarrollada y en funcionamiento en la temprana niñez, mientras que la parte del cerebro de arriba continúa desarrollándose y llega a su completa madurez a los veintitantos.
- La respuesta de pelear-huir-congelarse está diseñada por Dios para protegernos del peligro.
- El perro guardián siempre está alerta, pero una persona que experimentó muchas situaciones peligrosas en el pasado tendrá un perro guardián que está entrenado para ser extravigilante.
- Como un perro guardián real, nuestro cerebro alerta puede mantenernos despiertos en la noche y puede molestar a quienes nos rodean cuando estamos inmersos en un comportamiento inapropiado. Aquietar a nuestro perro guardián también puede causar en nosotros esfuerzo físico.
- Incluso cuando nuestro perro guardián nos alerta sobre un verdadero peligro, una respuesta de pelear-huir-congelarse usualmente no será la mejor manera para lidiar con ello. Reconocer nuestras respuestas normales puede ayudarnos a esperar lo suficiente para que el cerebro de arriba desarrolle un mejor plan.

PREGUNTA DE DISCUSIÓN

- ¿Cómo respondes usualmente cuando algo malo te sucede?

Lee las siguientes historias y discute con los adolescentes qué parte del cerebro, arriba o abajo, está en control en cada persona, y qué respuesta—pelear, huir, congelarse—demuestra cada uno de ellos.

1. Juan está andando en bicicleta cuando es golpeado por un coche y arrojado a la calle. Está sangrando, y levanta su bicicleta y la arroja sobre el coche. Ahora está dando vueltas gritando y maldiciendo al chofer del auto que lo golpeó.
2. Sara está en su cuarto. Ella escucha que sus padres se están gritando y tirando cosas en toda la casa. Se sienta sobre su cama, mirando por la ventana.
3. Kevin fue abusado por su tío. Cuando sucedió, él salió corriendo. Ahora, cada vez que su tío se acerca, todo dentro de él quiere escapar otra vez, y a veces lo hace.

6. Enfoque bíblico—Sentimientos (40 min)

Todos tenemos sentimientos, tanto buenos como difíciles, al responder a las cosas que suceden alrededor de nosotros. Hay muchos tipos de sentimientos:

algunos fácilmente identificables como ira, tristeza, felicidad y gozo, y otros más complejos como confusión, frustración, contentamiento y depresión. Dios nos creó para responder a la vida con nuestros sentimientos. La Biblia habla mucho sobre los sentimientos y los caminos para manejarlos.

PREGUNTAS DE DISCUSIÓN

1. ¿Cuáles son algunos de los sentimientos que has tenido en el último día?
2. ¿Por qué crees que Dios nos creó con sentimientos?

Temas de conversación:

- Jeremías fue un profeta en el antiguo Israel—un mensajero especial de Dios. Él es conocido como el "profeta llorón," porque vivió durante un tiempo extremadamente difícil de la historia de Israel y sintió profundamente la carga del dolor del pueblo.
- Además del libro que lleva su nombre, el libro de Lamentaciones en la Biblia usualmente es atribuido a Jeremías.
- Lamentaciones 3:7–9, 14–24 es un ejemplo de un lamento. En un lamento, la gente vuelca sus quejas a Dios en un esfuerzo de persuadir a Dios para que venga en su rescate. Usualmente, también afirman su confianza en él. En una sesión futura, tendrás la oportunidad de escribir tu propio lamento.
- Dios ya sabe cómo nos sentimos, y quiere estar con nosotros en esos sentimientos.

Lee Lamentaciones 3:7–9, 14–24

PREGUNTAS DE DISCUSIÓN

1. ¿Alguna vez has sentido algunas de las cosas de las que hablan estos versículos?
2. ¿Cómo te sientes con respecto a la idea de quejarte a Dios?

Actividad—Escondiendo tus emociones

Antes de la sesión, prepara seis o siete pequeños globos inflados o botellas vacías de agua con tapas, y también un balde de agua. Haz que los adolescentes compartan diferentes sentimientos que tendemos a ocultar dentro, como ira, vergüenza, temor, frustración, y cosas por el estilo. A medida que ellos los comparten, escribe esos sentimientos sobre las botellas o los globos con un marcador. Pídele a un voluntario que trate de mantener todas las botellas o globos bajo el agua con una mano (no el antebrazo) a medida que los añades uno a uno.

Los adolescentes descubrirán que no pueden mantener todas las botellas o globos bajo el agua al mismo tiempo. Explica que mantener nuestros sentimientos dentro implica mucha energía y atención, y que los sentimientos terminan saliendo en comportamientos inesperados, que son generalmente destructivos para nosotros mismos y para otras personas. Es mejor expresar nuestros sentimientos de maneras sanas en vez de tratar de mantenerlos dentro.

Actividad—Los sentimientos de David

El libro de los Salmos, en la Biblia, a menudo es conectado con el rey David. Sus poemas expresan el amplio rango de emociones humanas. Incluyen muchos lamentos junto a canciones de celebración, aliento y esperanza. Haz que los adolescentes nombren los sentimientos descritos en esos versículos (también son listados en los diarios de los adolescentes; esos versículos son de la traducción Dios Habla Hoy).

Versículo		**Emoción**
Salmo 25:16	... estoy solo y afligido.	Soledad, preocupación
Salmo 18:1	Tú, Señor, eres mi fuerza, ¡Yo te amo!	Amor, confianza
Salmo 31:10	El dolor y los lamentos acaban con los años de mi vida. La tristeza acaba con mis fuerzas.	Tristeza, depresión, dolor
Salmo 38:18	Voy a confesar mis pecados pues me llenan de inquietud.	Remordimiento
Salmo 42:5	¿Por qué voy a desanimarme? ¿Por qué voy a estar preocupado?	Desánimo, tristeza
Salmo 44:15	No hay momento en que no me vea humillado; se me cae la cara de vergüenza.	Vergüenza, humillación
Salmo 4:7	Tú has puesto en mi corazón más alegría que en quienes tienen trigo y vino en abundancia.	Felicidad, gozo, satisfacción
Salmo 4:8	Yo me acuesto tranquilo y me duermo en seguida, pues tú, Señor, me haces vivir confiado.	Paz, seguridad
Salmo 6:7	El dolor me nubla la vista ...	Tristeza, dolor, agobio
Salmo 33:22	¡Que tu amor, Señor, nos acompañe, tal como esperamos de ti!	Esperanza
Salmo 55:5	Me ha entrado un temor espantoso; ¡estoy temblando de miedo!	Agobio, temor
Salmo 35:18	Te daré gracias ante tu pueblo numeroso; ¡te alabaré ante la gran multitud!	Gratitud

David también nos recuerda de algo a lo que volveremos en una sesión futura: "El Señor está cerca para salvar a los que tienen el corazón hecho pedazos y han perdido la esperanza" (Salmo 34:18).

7. Pregunta en el diario (10 min)

Cuando te sucede algo malo, ¿tu primera reacción es usualmente pelear, huir o congelarte? ¿Cómo muestras esa reacción?

SESIÓN 4. ¿CÓMO LIDIO CON MI DOLOR?

Suministros necesarios:
- Notas o etiquetas adhesivas con el nombre de cada participante
- Cinta masking

Al finalizar esta sesión, los adolescentes deberían entender:
- Nuestros sentimientos salen a la superficie por nuestros comportamientos
- A veces, nuestra respuesta conductual nos lastima a nosotros o a otros
- La conexión entre pensamientos, comportamiento y emociones
- Podemos expresar nuestros sentimientos honestos a Dios

---

1. Rompehielos—¿Quién soy yo? (5 min)

Antes de que lleguen los adolescentes, prepara notas o etiquetas adhesivas con los nombres de personajes famosos que los adolescentes puedan conocer (pueden ser modernos, históricos o de ficción). Elige personas que han pasado por algo difícil y lo enfrentaron de una manera sana o malsana. Elige uno para cada persona en el grupo. Aquí hay algunas ideas: Ana Frank, Martin Luther King Jr., Nelson Mandela, Darth Vader, Elsa, de *Frozen*, Simba de *Rey León*, Miley Cyrus, Harry Potter, Luke Skywalker, Cenicienta, Amy Winehouse.

Adhiere una etiqueta en la espalda o sobre la frente de cada adolescente. Cada uno debe tratar de descubrir la identidad del nombre famoso en su etiqueta, haciendo preguntas cuyas respuestas sean sí o no a otros adolescentes. Por ejemplo, pueden preguntar: "¿Soy un hombre? ¿Estoy vivo? ¿Soy un músico?" Sigan jugando hasta que todos hayan adivinado su identidad.

Conclusión del rompehielos: Pregunta al grupo si pueden darse cuenta qué tienen en común estos personajes. Si no pueden descubrir el punto en común señala que cada uno de ellos tuvo algo difícil en su vidas y lo enfrentó de una manera sana o malsana.

---

2. Historia—"Lastimada" (10 min)

Voces airadas despertaron a Violeta. Después de todo, se había quedado dormida. Estaba cansada y dolorida de llorar y de pura soledad. Estaba sorprendida al darse cuenta de que la mamá de Tom, Jacqueline, que usualmente era muy calmada, estaba gritándole a su papá sobre lo que le había sucedido a Tony. Se gritaron uno a otro mientras que Rosa cocinaba la cena y trataba de calmarlos.

Violeta no quería tratar con ellos, pero estaba hambrienta, por lo tanto, se acercó tropezando a la mesa y se sentó pensando sobre lo que sucedería si eran echados de ese lugar. El único lugar que les quedaba para ir era un albergue para personas sin hogar—y entonces probablemente sería separada de su papá y llevada a un hogar substituto, como su amiga Jade. Estaba sentada con su barbilla entre sus manos, pensando profundamente, cuando se dio cuenta de que Jacqueline la estaba mirando, esperando una respuesta.

"¿Qué?" dijo Violeta.

"¿Hablaste con Tony? ¿Sabes a dónde fue?" preguntó otra vez Jacqueline.

"Mira—él estaba aquí y su mano estaba lastimada por pegarle a la pared," dijo Violeta. "Él solo necesitaba irse. Déjalo solo, ¿está bien? Tuvo un día realmente difícil."

"¿Cómo pudiste dejarlo ir?" le reclamó Jacqueline, como si fuera culpa de Violeta que Tony se hubiera ido.

Ben la miró y gritó, "¡Mira lo que hiciste! ¿Cómo puedes ser tan estúpida? ¿No sabes que la policía le dijo que se quedara en la casa?"

Violeta miró hacia abajo. *Tiene razón. Soy estúpida. ¿Por qué no traté con más fuerzas para que él se quedara en la casa?*

Cuando Rosa y Jacqueline agarraron sus teléfonos haciendo varias llamadas para encontrar a Tony, de repente, Violeta se paró. En su apuro se llevó la silla por delante, corrió al baño y cerró la puerta. Se sentía agobiada. Extrañaba a su mamá. Nadie la entendía. No le importaba a nadie. Ahora probablemente serían echados de este lugar. Sentía que su vida estaba totalmente fuera de control.

No era un sentimiento nuevo para ella, y quería que se detenga. Cortarse era peligroso y Violeta se odiaba cada vez que lo hacía, pero no podía pensar en ninguna otra cosa para hacer. A tientas buscó una cuchilla de afeitar que ella había ocultado en el estante de arriba del botiquín, se puso de cuclillas sobre el piso, y se lo hizo. Se echó a llorar. De alguna manera se sentía mejor—aunque avergonzada. Cuando pudo parar de llorar, se levantó para vendar el corte y esconderlo bajo su camisa.

Cuando salió del baño sus ojos estaban rojos e hinchados. Rosa estaba consolando a Jacqueline y su papá se había ido. Darrel estaba mirando la TV con el volumen alto. Ella fue silenciosamente a su esquina para enviarle un mensaje de texto a Jade.

Mientras tanto, después de detenerse en la biblioteca para cargar su teléfono, Tony había estado dando vueltas por un rato. Se sentía atontado, pero al menos ahora podía oír música—excepto porque era interrumpido porque el teléfono sonaba como loco con personas que trataban de ubicarlo. Él sabía que tenía que contestar, pero por ahora no podía enfrentar el ir a la casa. Cada cosa y cada lugar le recordaban a Raymond. Finalmente se dirigió a la casa de su primo, a unos kilómetros de distancia. Su primo era unos pocos años mayor que él y un adicto peor que él. Vivía en una casa con un montón de otros tipos.

"Hola Tony. Siéntate. Justo estábamos jugando un poco con la Xbox." El cuarto olía a hierba y pizza vieja. Tony trató de contarle lo que sucedió, pero nadie estaba escuchando realmente. Después de un rato, su primo dijo, "Primo, piensas demasiado. Toma un par de caladas y relájate."

De ninguna manera era su primera vez cerca de la hierba, pero Tony había tratado de alejarse de ella—realmente no quería terminar como sus papás. Esa noche, la posibilidad de escapar de sus pensamientos era tan bienvenida que estaba deseando tratar.

PREGUNTAS DE DISCUSIÓN

1. ¿Cuáles fueron los sentimientos de Violeta? ¿Cómo respondió ella? ¿Por qué?

2. ¿Cuáles fueron los sentimientos de Tony? ¿Cómo respondió él? ¿Por qué?

3. ¿De qué otras maneras podrían haber respondido Violeta y Tony?

3. Sentimientos escondidos (10 min)

Actividad—Iceberg

Para esta actividad, haz que los adolescentes usen la ilustración del iceberg en la página 50 de sus diarios.

A menudo, queremos enterrar dentro de nosotros los sentimientos difíciles en vez de dejarlos salir y lidiar con ellos. El problema con esa respuesta es que los sentimientos que escondemos desencadenarán comportamientos que pueden ser dañinos para nosotros y para otros.

Piensa en los sentimientos difíciles que has experimentado en respuesta a cosas terribles que te hayan pasado. (Da algunos ejemplos: temor, culpa, frustración, vergüenza). Escríbelos en la parte del iceberg que está debajo de la superficie del agua. Ahora piensa en los comportamientos que son motivados por esos sentimientos difíciles y escríbelos en la parte del iceberg que puede ser vista sobre el agua. (Da algunos ejemplos: agresión, aislamiento, humillar a otros, abuso de substancias.)

Invita a los adolescentes a que compartan sus pensamientos. Pregúntales cómo se conecta el iceberg con la máscara de la ira o la actividad de esconder nuestros sentimientos.

4. Disparadores (10 min)

Todo lo que nos recuerde algo, un evento o una persona en el pasado es llamado disparador. El olor de una cena cocinándose puede llenarnos de cálidas memorias de nuestra abuela. Escuchar el ladrido de un perro podría recordarnos de la vez que el perro del vecino nos mordió la mano.

Las personas que están batallando con algo traumático encuentran disparadores que les recuerdan un evento doloroso. Como el gatillo de un arma, esos disparadores inmediatamente disparan una asociación o memoria en nuestro cerebro. El perro guardián en la parte inferior de la escalera nos alerta del peligro (incluso si no hay ninguno), y todo nuestro cuerpo responde al cerebro de abajo cuando nuestro instinto de sobrevivir toma el control. El cerebro de arriba debe emplear mucho tiempo pensando para que el cerebro de abajo nos tranquilice.

Temas de conversación:

- A menudo, los disparadores están conectados a los cinco sentidos y son singulares para cada individuo. Puedes recordar algo del pasado al oler algo (cierto perfume puede hacer que alguien recuerde a una madre abusiva), o ver algo (un cuarto oscuro puede hacer que alguien recuerde una violación), o algo que alguien dice (una fuerte crítica de un maestro le recuerda a alguien la experiencia humillante del pasado), y así sucesivamente.
- Usualmente, los disparadores son inesperados. Inmediatamente nos pone defensivos y podemos reaccionar (o querer reaccionar) con pelear, huir o congelarnos.
- Generalmente, nuestra respuesta inicial a un disparador viene del cerebro de abajo como un reflejo automático. Por lo tanto, en ese momento está fuera de nuestro control.
- Los disparadores pueden ser hechos menos peligrosos si sacamos de nuestra memoria el aguijón al que están conectados—es decir, si podemos reducir el dolor emocional conectado con esas memorias. Eso funciona mejor si le contamos nuestra historia a alguien en quien confiamos y que sabe cómo oír—ya sea un amigo, un familiar, un líder de la iglesia o un consejero profesional.

PREGUNTAS DE DISCUSIÓN

1. ¿Tienes algún disparador que te recuerde de algo malo que te haya sucedido?
2. Haz que los adolescentes busquen "¿Cuáles son mis disparadores?" en la 51 de sus diarios.

---

5. Autolesión (15 min)

A veces, la gente lidia con su dolor emocional o responde a los eventos disparadores lesionándose a sí misma. Esos son algunos de los comportamientos que vemos sobre la superficie del iceberg. Hay muchas maneras de autolesionarse que la gente usa para adormecer su dolor. En la historia, Violeta practica el cortarse y Tony usa la hierba. Otras personas pueden usar drogas, alcohol, comida, inanición, escapar, pornografía y otras maneras de lidiar con sus emociones difíciles.

PREGUNTA DE DISCUSIÓN

- ¿Cuáles son las maneras malsanas con que la gente lidia con su dolor interior?

Si los adolescentes no expresan cosas como cortarse, suicidio, desórdenes alimenticios, drogas, peleas, promiscuidad, pornografía, sobrecarga de trabajo y escapar, menciónalas antes de seguir adelante.

Todos tenemos una gran necesidad de pertenecer. Cuando tenemos una herida del corazón, esa necesidad puede sentirse especialmente intensa. Una de las maneras en que la gente satisface esta necesidad por pertenecer es unirse a un grupo de pares.

PREGUNTAS DE DISCUSIÓN

1. ¿Qué hace peligroso a algunos grupos?
2. ¿Por qué crees que algunas personas se unen a grupos (como pandillas) que podrían ser peligrosos para ellas mismas y para otros?
3. ¿Por qué unirse a algunos grupos puede ser otra forma de autolesionarse?

Temas de conversación:

- Es bueno conectarte con tus pares y ser parte de un grupo de apoyo como este.
- Recuerda que todavía tendrás la necesidad de la sabiduría y la guía de adultos en los que puedes confiar.
- Aquí hay algo de la sabiduría de la Biblia: "No se dejen engañar. 'Los malos compañeros echan a perder las buenas costumbres.'" (1 Corintios 15:33)

---

6. El triángulo de la situación (25 min)

Como podemos ver en el iceberg, nuestras emociones y comportamientos están conectados. En realidad, nuestros pensamientos, sentimientos y comportamientos están todos conectados, y cada uno afecta a los otros. En cada situación, casi simultáneamente, nuestros pensamientos, emociones y comportamientos interactúan para formar nuestra respuesta, positiva o negativa, a

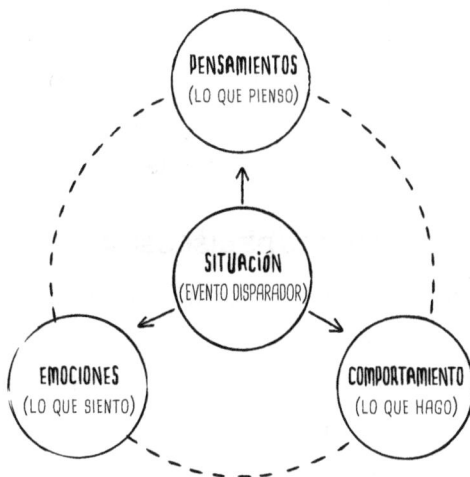

cualquier situación o disparador. A veces, los pensamientos llegan primero, dependiendo de nuestras experiencias previas.

Actividad de discusión

- Pide a los adolescentes que imaginen a su mamá que viene a su habitación para despertarlos. Su primer pensamiento es, "*Uy. Odio las mañanas. No quiero levantarme.*" ¿Cuáles son sus sentimientos ante esa respuesta? Dales la oportunidad de responder (la mayoría dará emociones de irritación, enfado, ira, y así sucesivamente.)

- A continuación, pregúntales cómo podrían comportarse en respuesta a esos pensamientos y emociones. (Podrían enrollarse en la cama, volver a dormirse, ignorar a su mamá, levantarse y estar malhumorados.)
- Ahora pídeles que se imaginen que su mamá va a su cuarto para despertarlos y su primer pensamiento es, *"Este será un hermoso día. No puedo esperar para ver qué sucede hoy."* ¿Cómo podría, ese pensamiento, cambiar sus emociones? ¿Cómo podría cambiar su comportamiento?

Podemos aprender cómo cambiar nuestros pensamientos, nuestros sentimientos o nuestros comportamientos para ayudarnos a afrontar una situación. Cambiar uno de ellos a menudo tendrá un efecto drástico sobre los otros. Este gráfico está en la página 52 del diario de los adolescentes.

Usa cinta masking sobre el piso para formar un gran triángulo en el medio del cuarto. Etiqueta las esquinas como PENSAMIENTOS, EMOCIONES y COMPORTAMIENTOS. Haz que los adolescentes, por turno, identifiquen una situación o evento disparador (puede ser de la historia de Tony y Violeta, o usar las fichas de situación de la sesión 2) y que caminen a cada esquina para identificar pensamientos, sentimientos y emociones que puedan ser una respuesta a esa situación. Entonces, haz que los adolescentes cambien sus pensamientos, sentimientos y emociones para crear un resultado diferente.

Aquí hay algunas situaciones sugeridas (si a los adolescentes les cuesta imaginar sus propias situaciones):

Nadie me sacó para el baile de graduación; mis padres se están divorciando; tengo que dar una presentación en la escuela mañana; cuando entré al vestuario me encontré con un grupo de estudiantes que cuando me vieron de repente dejaron de hablar; estaba caminando por la vereda y alguien me llevó por delante.

PREGUNTAS DE DISCUSIÓN

1. ¿Cuál te parece más fácil de cambiar? ¿Tus pensamientos, tus emociones o tus comportamientos?
2. ¿De qué manera conocer cada una de estas cosas impacta tus respuestas en las diferentes situaciones?

---

7. Enfoque bíblico—Lamentos (25 min)

Una forma positiva para lidiar con las cosas difíciles que suceden en nuestra vida es crear un "lamento." Un lamento es una manera de expresar nuestro dolor a Dios cuando nos sentimos mal. Puede ser hecho en palabras, música, danza o en cualquier otra forma de expresión creativa.

Un lamento nos ayuda a exponer todas las cosas que hemos tratado de esconder y compartirlas con Dios. Esta es una buena manera para empezar a contar tu historia y liberar memorias dolorosas. A medida que se sienta más cómodo compartirlo privadamente con Dios, crear un lamento puede llevarte a compartir tu historia con otra persona cuando estés listo. (Puede haber algunos adolescentes que encuentran más fácil contar su historia a otra persona primero, y después a Dios.)

Hay muchos ejemplos de lamentos en la Biblia. Como comunidad, la nación de Israel experimentó muchos traumas (guerras, cautividad, destierro, hambrunas), y también como individuos (abuso, violación, abandono, asesinato). Muchos de ellos hallaron consuelo al llevar su dolor a Dios. Ellos tenían una manera honesta de hablar con Dios donde volcaban sus quejas a él, incluso a veces cuando declaraban su confianza en él.

Temas de conversación:

- El beneficio de un lamento es para la persona que expresa sus sentimientos a Dios, no para Dios. Él ya conoce nuestro corazón y está completamente consciente de nuestros sentimientos.
- Los lamentos estimulan a la gente a ser honesta con Dios y a hablar la verdad sobre sus sentimientos y dudas.
- Los lamentos permiten que una persona exprese completamente su dolor e incluso acuse a Dios.
- Una queja a Dios a menudo es seguida por una declaración de confianza en Dios.
- Esta combinación resulta en oraciones muy poderosas. El dolor no está escondido, y la persona no permanece en su dolor. Ellos invocan a Dios y expresan su fe en él.
- En un lamento, la gente no trata de resolver el problema por sí sola, sino que clama a Dios por ayuda.
- Usualmente, un lamento incluye diferentes partes, pero no siempre debemos incluir cada parte, ni hacerlo en algún orden preciso. Todo lamento incluye una queja.

Lee el Salmo 13 en voz alta para los adolescentes.

Pide a los adolescentes que vayan a la página 53 de sus diarios para ver una lista de las partes de un lamento. Presenta las diferentes partes del lamento.

1. Dirigido a Dios ("Oh Dios")
2. Repasar la fidelidad de Dios en el pasado
3. **Queja**
4. Pedido de ayuda
5. Promesa de alabar a Dios (o declaración de confianza en Dios)

Lee el Salmo 13 otra vez y pide a los adolescentes que identifiquen esas partes de un lamento mientras lees el salmo.

8. Pregunta en el diario (15 a 20 min)

Tómate un tiempo para escribir o crear un lamento a Dios. Lee el Salmo 13 si necesitas ayuda, o piensa qué preguntas te gustaría hacerle a Dios sobre las cosas difíciles de tu vida. Tu lamento puede ser una canción, rap, poema, oración o cualquier otra forma creativa por la que desees expresar tus sentimientos a Dios. No tiene que incluir las cinco partes de un lamento mencionadas arriba.

9. Usando la conciencia plena (10 min)

La conciencia plena es un esfuerzo para estar conscientes de lo que está sucediendo en un momento, tanto dentro como alrededor de nosotros. Puede ayudarnos a regular nuestros pensamientos y sentimientos. La conciencia plena es una manera de lidiar con las heridas y el dolor del pasado enfocándonos en el aquí y el ahora.

- Comenzaremos esta actividad con un ejercicio de respiración. Respirar lentamente ayuda a nuestros cuerpos a tranquilizarse. "Desactivemos el perro guardián" en nuestros cerebros que nos mantiene alerta al peligro—y llenos de tensión y ansiedad.
- Pon tus manos delante de ti y pretende que estás sosteniendo una taza con tu bebida caliente favorita. Huele bien, así que inhálala despacio y profundamente. Pero está demasiado caliente como para beberla, por lo tanto, sopla lentamente sobre tu taza como si estuvieras enfriándola.
- Repite esta técnica de respiración al menos tres veces, quizá más, dependiendo de cuán ansioso te sientas.
- Ahora, en silencio, mira alrededor del cuarto (o afuera). Mientras que menciono a cada uno de los cinco sentidos (visión, oído, olfato, tacto y gusto), observa a todo lo que podría estimular ese sentido y trata de identificar las cosas alrededor de ti que nunca has notado anteriormente.
- A medida que observas tu alrededor a través de tus sentidos, enfócate en la experiencia y en cómo te hace sentir cada una de esas sensaciones.

Ser conscientes de lo que estamos sintiendo y pensando es el primer paso para cambiar nuestros patrones de pensamiento y emociones. A menudo, simplemente poder identificar los sentimientos dentro de nosotros nos permite sentir un poco más en control de nosotros mismos.

SESIÓN 5. ¿CÓMO ENFRENTO MIS PÉRDIDAS?

Suministros necesarios:

- Papel blanco de impresora
- Papel blanco tamaño tabloide (A3 o 11×17 pulgadas) para cada participante
- Marcadores de color, lápices de color, crayones, conjuntos de acuarela
- Computadora portátil o teléfono con una conexión a Internet o un video descargado

Al finalizar esta sesión, los adolescentes deberían entender:

- La pena es una respuesta normal y saludable a la pérdida
- La pena ocurre por etapas a lo largo del tiempo
- Todo trauma involucra una pérdida, y toda pérdida requiere pena
- La pena es necesaria para el bienestar emocional

1. Rompehielos—Nudo humano (5 min)

Los adolescentes (y facilitadores) se paran hombro con hombro en un círculo, mirando hacia el centro. Cada persona se toma de las manos con dos personas dentro del círculo. Nadie puede unir sus dos manos con la misma persona. Busca que no se enreden para formar un gran círculo sin que separen sus manos.

Conclusión del rompehielos: Nuestras conexiones con otros son una parte importante de la vida. ¿Cómo es estar conectado con alguien y tener que trabajar juntos para lograr una meta? ¿Qué es lo que dificulta deshacer el nudo?

2. Historia—"Desconectado" (15 min)

Tony se despertó con dolor de cabeza. ¿Dónde estaba? Gimió un poco mientras que la memoria de la noche anterior se aclaraba. Se había sentado en el sillón mientras veía jugar a los muchachos videojuegos al tiempo que se les unió fumando hierba y tomando lo que sea que había en esas estúpidas tazas rojas. Ahora el dolor de cabeza comenzaba a tener sentido.

Su primo estaba acurrucado sobre una silla cercana, y lo miró cuando Tony gimió. "Oye. Tu abuela Rosa te está buscando," le dijo. "Le dije que estabas aquí, pero ella quiere que vayas a tu casa."

Tony se estiró y murmuró algo mientras iba hacia la puerta. Tuvo que tener cuidado para no pisar los cuerpos de los otros tipos que estaban desmayados sobre la alfombra. La vista desde la puerta era bastante triste. Le recordaba de las veces que pasó por la casa de Raymond. ¡Oh, Raymond!

Ya en la vereda, revisó su teléfono. Entre su mamá y su abuela Rosa había una tonelada de llamadas y mensajes perdidos. El último texto que recibió fue de Raymond, una selfie mostrando una sonrisa y un rollo de dinero. Tony sonrió, pero entonces recordó. ¿Había sucedido lo de ayer realmente? No podía creerlo. Ray había sido el único amigo de Tony cuando su papá fue arrestado y enviado a prisión; el único que lo apoyó.

Comenzó a caminar lentamente hacia su casa. Después de unas pocas cuadras, se dio cuenta de que estaba realmente enojado. Estaba enojado con Raymond por ser tan estúpido al involucrarse en el asunto en el que estaba. Estaba enojado consigo mismo por no haber hecho algo diferente cuando el auto se detuvo. *Si solo hubiera agarrado a Ray y lo hubiera metido en la tienda conmigo.*

A medida que se acercaba a su barrio, comenzó a ver a un montón de niños de la escuela por ahí, jugando a la pelota. Claro. Era sábado. Comenzó una carrera para no tener que hablar con nadie. Él y Raymond habían pasado toda la vida en ese lugar, y ahora cada paso parecía que traía otra memoria. No podía imaginarse enfrentar la vida sin su mejor amigo.

Mientras se tropezaba al acercarse a su departamento, Tony pudo oler las galletas horneándose. La abuela Rosa debía estar esperándolo. Se paró fuera de la puerta, temiendo entrar. Está enojado, más un poco culpable por haberse ido. ¿Se daría cuenta alguien de que había estado fumando? Antes de que se alterara más, se abrió la puerta y Rosa abrió sus brazos y lo abrazó. "Te oí en la escalera. Estoy tan contenta de que estés en casa, bebé," le dijo suavemente.

Fueron juntos hasta la cocina para comer alguna de esas increíbles galletas. Rosa comenzó a hacer alguna cosa en la cocina cantando y tarareando una de sus canciones favoritas de la iglesia. Tony se sirvió un vaso de leche y llevó la leche con algunas galletas a su cuarto. Se preguntaba si estaba su hermano Darrel. Debe estar afuera jugando. Violeta vino y se sentó sobre la cama de Darrel.

"Siento mucho lo que le sucedió a Raymond," le dijo. "No es justo. Estuve en problemas porque te fuiste ayer, pero estoy bien ahora. De alguna manera entiendo cómo te sientes."

"¿Cómo podrías saber cómo me siento? ¡No sabes nada sobre mí!," Tony estalló.

"Bueno, yo también estaba enojada cuando mi mamá murió unos años atrás. Yo sé cómo se siente cuando alguien a quien amas muere."

Qué estúpido haber olvidado eso. La vergüenza atenuó su ira. "Cuéntame sobre eso," él dijo más calmado. La historia de Violeta comenzó a fluir. Le contó a Tony todo sobre cuando su mamá murió de cáncer. Le explicó cuán difícil fue, aun cuando era diferente a la manera en que Tony perdió a Raymond, ella sabía algo de cómo se sentía.

Violeta dijo que él estaba sufriendo. La trabajadora social asignada a su familia de la unidad oncológica del hospital le había dicho sobre las diferentes emociones que una persona experimenta cuando ha sufrido una gran pérdida. "Yo pasé por todas ellas," le dijo. Por un tiempo, ella estaba en negación, sin creer que su mamá estaba enferma. Y después de que su mamaá murió ella estuvo enojada por mucho tiempo.

"A veces, todavía me siento bastante perdida sin ella, pero estoy empezando a acostumbrarme de que se haya ido. Es muy difícil, pero estoy tratando de imaginar una vida diferente sin ella."

Violeta notó que la mano de Tony todavía estaba en carne viva por haber golpeado la pared ayer. "Mira eso, Tony," le dijo. "Ven, deja que te ayude y la limpie."

PREGUNTAS DE DISCUSIÓN

1. ¿Cómo se está sintiendo Tony como respuesta a perder a su mejor amigo, Raymond?

2. ¿Cómo describe Violeta los sentimientos que tenía sobre perder a su mamá?

3. ¿Alguna vez has perdido algo o a alguien importante para ti? ¿Cómo fue esa experiencia?

---

3. Pérdida y dolor (10 min)

¿Cuáles son algunas de las cosas que has perdido? Podrían ser posesiones importantes para ti, una casa, un barrio, una escuela, sueños sobre tu futuro, mascotas, familiares o amigos que hayan muerto.

Toda pérdida causa dolor. El dolor es el sentimiento que tenemos como respuesta a la pérdida. Es el proceso del duelo. Los sentimientos relacionados al dolor pueden incluir ira, tristeza, soledad o temor.

Actividad en el diario—Lista de pérdidas

Escribe una lista de diferentes cosas que hayas perdido—y cómo te hace sentir cada pérdida—en el espacio provisto en la página 62 de tu diario.

Después de que los adolescentes hayan completado sus listas de pérdidas, invítalos a compartir una o dos con el grupo. O haz que elijan a un compañero y compartan uno a uno.

4. Calle Duelo (45 min)

[Antes de esta sesión, prepara tres carteles que representen cada etapa del duelo: "Negación e ira," "Sin esperanza," y "Nuevos comienzos." Dado que estás usando la metáfora de la parada del autobús para las etapas del duelo, sé creativo al dibujar los carteles para que sean similares a los de las paradas de un autobús.]

Nuestras pérdidas son todas diferentes, pero el camino del duelo por esas pérdidas sigue un patrón similar. Todos recorren ciertas etapas del duelo. Cada etapa es una parte normal y saludable del proceso del duelo. Podemos pensar sobre el proceso del duelo como un tipo de viaje en el que estamos. Para mostrar este viaje a medida que hablamos sobre las etapas del duelo, usaremos la idea de las paradas del autobús sobre la Calle Duelo. Verás estos tres carteles: "Negación e Ira," "Sin esperanza," y "Nuevos comienzos."

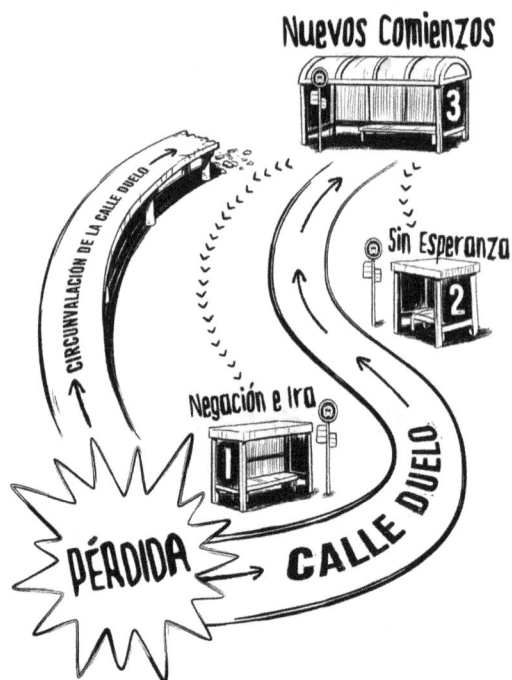

PREGUNTA DE DISCUSIÓN

- ¿Qué puedes decirme sobre cada una de estas paradas en el viaje del duelo?

En la siguiente discusión, ayuda a los adolescentes a comprender las siguientes ideas sobre las tres etapas del duelo. Mira la ilustración de la página 63 en los diarios.

Parada de autobús 1: Negación e ira

- Cuando sucede algo malo, como cuando muere alguien a quien amamos, podemos no sentir nada por un tiempo. O podemos sentirnos muy enojados con Dios, con la persona que murió o con la gente que sigue viva. Podemos incluso sentirnos enojados con nosotros mismos si tenemos asuntos sin resolver con esa persona o si sentimos que hemos contribuido a su muerte.
- A veces, la gente niega que la persona realmente haya muerto o trata de creer que volverá a la vida. (En la historia, Tony sigue pensando que no puede ser cierto que Raymond esté muerto.)
- A veces, la gente puede pensar que la persona muerta le está hablando. La gente puede sentir esto por unas semanas.

Parada de autobús 2: Sin esperanza

- Con el tiempo, dejamos de sentir tanta ira y dejamos de estar en negación.
- Nos damos cuenta de la terrible verdad de nuestra pérdida, y comenzamos a sentirnos profundamente tristes.
- Todo parece sombrío, gris y sin esperanza.
- Puede resultarnos difícil concentrarnos en la escuela o comportarnos como sabemos que deberíamos.
- Quizá no queramos socializar como siempre. Podemos querer que nos dejen solos.
- Podemos dejar de cuidarnos como solíamos hacerlo.
- Mucha gente continúa sintiendo de esta manera por algunos meses, y esto es normal.

Parada de autobús 3: Nuevos comienzos

- Si hemos tomado tiempo para expresar nuestros tristes sentimientos sobre la persona o cosas que perdimos, a su tiempo comenzaremos a pensar sobre cosas nuevas y estaremos listos para vivir otra vez.
- Nos damos cuenta que no podemos cambiar la pérdida y comenzamos a aprender cómo vivir con nuestra pérdida
- Esto no significa que olvidemos a la persona o cosa que hemos perdido, pero podemos recordar la pérdida sin ese dolor agudo.
- Quizá queramos volver a nuestras actividades y juntarnos con los amigos nuevamente.
- Reconocemos que aunque las cosas nunca serán las mismas, como fueron antes de la pérdida, la vida continuará y podemos seguir avanzando.

El proceso del duelo nunca es una línea recta. Cuando estamos sufriendo una pérdida, adelantamos y retrocedemos entre esas etapas. A veces, la gente en la Parada 2 vuelve a sentir sentimientos de ira como en la Parada 1, pero luego de un tiempo la ira pasará. La gente a menudo vuelve a la primera o segunda parada en días especiales, como el aniversario de la muerte o en un día festivo.

Actividad—Calle Duelo

Coloca tus tres carteles de "paradas de autobús" en diferentes partes de tu espacio (sobre la pared o las sillas). Uno de los facilitadores debe demostrar que tuvo una pérdida y avanzar a través de las diferentes paradas de autobús del duelo. Debe ser muy dramático, exhibiendo con todo el cuerpo la respuesta a las paradas y describiendo la experiencia mientras que avanza y retrocede entre la Negación y la Ira y la Sin Esperanza a medida que progresa hacia los Nuevos Comienzos.

Entonces, cada adolescente debe pensar en un tipo de pérdida, de su propia experiencia o imaginaria. Acompaña a cada adolescente a través de las diferentes paradas de autobús y haz que interpreten cómo se sentirían en cada parada. A medida que avanzan en la ruta del autobús por la Calle Duelo, ayúdalos a narrar la historia imaginaria que ellos han descrito. Haz que adelanten y retrocedan entre las paradas a medida que sus emociones cambian.

A medida que se turnen a través de las paradas de autobús, haz que interpreten y describan el proceso. Guíalos a través del avance y retroceso al representar escenarios relacionados a su historia de pérdida.

La circunvalación de la Calle Duelo

A veces, la gente quiere saltear las paradas y tratan de tomar un baipás (o un autobús expreso) a Nuevos Comienzos. Quizá sea porque no pueden permitirse el tiempo o el espacio para estar triste o enojados. Quizá hay demasiado trabajo para hacer y no creen que puedan manejarlos si se permiten quebrarse. O quizá hay gente en sus vidas que no les dan el espacio necesario para el duelo, o que les dicen "supéralo." A veces, una comprensión impropia de su fe les dirá que tienen que "alabar a Dios por cada cosa en todo tiempo." Sea cual fuere la razón, tratan de negar su duelo y se colocan una expresión falsa como si todo estuviera bien, aunque ellos saben en su interior que las cosas no están bien.

Pero las otras paradas de autobús son importantes. Nunca es tarde para volver a ellas. El baipás no es saludable, y no lleva a la gente a los Nuevos Comienzos. En su lugar, los mantiene viviendo en la negación. ¿Recuerdas la actividad que hicimos con las botellas bajo el agua? Como cuando mantuvimos las botellas bajo el agua, la gente que trata de negar su duelo encontrará que sus dolorosos sentimientos son difíciles de mantener bajo control—y pueden irrumpir más adelante sin aviso.

Actividad—Colorea tu dolor

Asegúrate de tener grandes hojas de papel, marcadores, crayones y lápices de colores. Pide a los adolescentes que tomen unos minutos para conectarse con el dolor que han experimentado por una pérdida y cómo los hace sentir. Invítalos a usar colores, diseños y símbolos abstractos y concretos para representar sobre el papel esos sentimientos dolorosos a medida que piensan en ellos. Este debe ser un ejercicio espontáneo para que los adolescentes respondan a sus pensamientos sin tomar mucho tiempo. Permite que pasen cinco minutos e invita a los adolescentes que estén dispuestos a hablar sobre su representación artística con el grupo.

---

5. Enfoque bíblico—Duelo y consuelo (45 min)

El duelo, aunque no es placentero, es un buen regalo de Dios. Nos ayuda a procesar la tristeza y las cosas difíciles que suceden en la vida. Si avanzamos a través del duelo, a veces estamos mejor capacitados para ayudar a otros que pasan por tiempos difíciles.

A. El duelo en la Biblia

Búsqueda de versículos

Haz que los adolescentes miren los siguientes versículos y compartan lo que dicen sobre el duelo.

- Salmo 6:6—el salmista lloró
- Salmo 56:8—Dios presta atención a nuestras lágrimas; son preciosas para él
- Isaías 22:4—el profeta llora
- Jeremías 9:1—Dios mismo llora con su profeta por el pueblo
- Juan 11:35—Jesús lloró

Resumen de David y Absalón

Presenta el siguiente pasaje. Es el final de un ciclo histórico sobre David, el gran rey de Israel (2 Samuel 12—18). Aquí lo vemos llorando por su hijo, Absalón, que se había rebelado y había tratado de destronar a su padre. David no había sido el mejor padre del mundo. Ahora Absalón había muerto en batalla. Cuando recibió la noticia, David experimentó varios sentimientos, incluyendo conmoción, amor y tristeza por la pérdida de su hijo—todos mezclados con culpa por no haber hecho las cosas de manera diferente. Escucha cómo se entristece David, el padre.

- Lee 2 Samuel 18:33.

Resumen de Juan 11:1–45 (Jesús y Lázaro)

Hay una historia en la Biblia sobre una vez que un amigo cercano de Jesús murió. Jesús visitaba el hogar de Lázaro y sus dos hermanas a menudo, y los amaba profundamente. Pero cuando Lázaro se enfermó, Jesús estaba en otra ciudad. Las hermanas le enviaron un mensaje, pero él no volvió inmediatamente para sanar a Lázaro, aunque él pudo haberlo hecho. Jesús esperó por varios días después de que Lázaro muriera. Cuando finalmente fue al hogar de los hermanos, Jesús hizo un milagro y resucitó a Lázaro, pero no antes de entristecerse y llorar con sus amigas al compartir con ellas su profunda pena (Juan 11:28–36).

PREGUNTAS DE DISCUSIÓN

1. ¿Cómo expresaron su duelo David y las otras personas en estos pasajes?
2. ¿Cómo lo has expresado tú anteriormente?
3. ¿Está bien que los hombres lloren?

B. Ser un confortador para otros

Lee 2 Corintios 1:3–4

Usa la *Traducción en Lenguaje Actual*:

"¡Demos gracias a Dios, Padre de nuestro Señor Jesucristo! Él es un Padre bueno y amoroso, y siempre nos ayuda. Cuando tenemos dificultades, o cuando sufrimos, Dios nos ayuda para que podamos ayudar a los que sufren o tienen problemas." (2 Corintios 1:3–4)

PREGUNTAS DE DISCUSIÓN

1. ¿Cómo puedes ayudar a otros que están de duelo?
2. Cuando estabas de duelo por haber perdido a alguien o algo, ¿qué tipo de cosas útiles dijo o hizo la gente?

Miren el video o conversa sobre la empatía

Este enlace muestra un video del investigador Brené Brown sobre la vulnerabilidad y la empatía: https://www.youtube.com/watch?v=7-5gnmUBINA

Búsqueda de versículos

Lee, o haz que los adolescentes lean, los siguientes versículos:

- Proverbios 17:17
- Eclesiastés 4:9–10
- Romanos 12:15

PREGUNTAS DE DISCUSIÓN

1. ¿Qué significa tener empatía?
2. ¿Qué dicen estos versículos que debemos hacer para ayudar a quienes están en duelo?

Pide a los adolescentes que den algunos ejemplos de respuestas empáticas. ("Eso parece ser muy difícil"; "Estoy aquí para ti"; "Lamento lo que ha sucedido.")

---

6. Pregunta en el diario (5 min)

¿Cuándo perdiste algo o a alguien realmente importante para ti? ¿Qué hizo alguna persona que fue útil, o que te hubiera gustado que hiciera para ayudarte? ¿Cómo te sientes ahora sobre esa pérdida?

SESIÓN 6. ¿Y MIS LÍMITES PERSONALES?

Suministros necesarios:

- Un billete impecable de $20

Al finalizar esta sesión, los adolescentes deberían entender:

- Los límites personales son críticos para protegernos del abuso
- La necesidad de poder y control es la base para todo abuso
- El valor de una persona no cambia debido a lo que le ha sucedido
- Dios puede hacer nuevas todas las cosas, incluyendo a la gente

1. Rompehielos—El ninja (5 min)

El objeto del juego es evitar que nos toquen o golpeen la mano, pues eso significa ser eliminado del juego. El ganador es el último ninja que quede en pie. Para empezar el juego, haz que todos se paren formando un círculo hombro con hombro, con ambas manos estiradas hacia el centro. A la cuenta de tres, todos saltan hacia atrás asumiendo una pose ninja y se congelan hasta que llegue su turno. Uno a uno y continuando alrededor del círculo, cada persona, por turno, es el atacante y trata de tocar la mano de otra persona en un solo movimiento ninja. La persona atacada trata de evitar el ser tocada reaccionando con un solo movimiento ninja. Solo el atacante y la persona atacada pueden moverse; todos los demás permanecen congelados en su pose ninja.

Ya sea que golpeen, que no puedan o que lo eviten solo se permite un solo movimiento de brazo, tanto del atacante como del defensor, y ambos deben quedar congelados en una nueva posición. Si la mano de una persona es tocada, la misma debe abandonar el círculo. El jugador de la derecha se convierte en el siguiente atacante, y puede elegir atacar a otra persona. (La persona que es atacada no es la que sigue; el siguiente atacante siempre está a la derecha de la persona que tiene el turno). El juego termina cuando solo queda una persona. La persona que empezó la ronda previa comienza la siguiente ronda. *(Busca en la Internet por "el ninja", para ver ejemplos de gente jugando.)*

Conclusión del rompehielos: En esta actividad, debes anticipar el movimiento de la otra persona y reaccionar rápidamente para evitar ser tocado. ¿Cómo se sintió haber sido el atacante? ¿Qué tipos de sentimiento fueron evocados cuando fuiste el que era atacado? ¿Cómo se sintió haber tenido tus límites personales sobrepasados?

2. Historia—"Usada" (10 min)

Después de vender la mano de Tony, Violeta volvió a su pequeña esquina. Se sentó sobre la cama y revisó su teléfono. Estaba lleno de mensajes de su amiga

Jade. Después de desplazarse para ver como cincuenta emoticones de caras de miedo, se dio cuenta de que Jade quería que fuera pronto.

Violeta agarró su abrigo y salió. ¿Qué podría andar mal? Esperaba que, sea lo que fuera, no sea que Jade tenía que cambiar otra vez de familia adoptiva. Eso implicaría para ella una nueva escuela y quizá más soledad para Violeta. Sacó ese pensamiento de su cabeza. El padre adoptivo de Jade, un maestro de escuela secundaria y entrenador asistente de baloncesto, parecía realmente bueno—todos en el barrio lo llamaban Entrenador. Él y su esposa eran gente de iglesia bastante tradicional, pero eran realmente buenos con Jade. Violeta esbozó una sonrisa cuando pensó cuán confundida estaba mucha gente sobre Jade y en quién podría estar interesada, porque ella coquetea tanto con muchachos como con chicas. Como el color de su cabello, sus atenciones parecían cambiar cada quince días.

"Hola, Violeta," dijo la mamá adoptiva de Jade cuando abrió la puerta. "Jade está escondida en su cuarto." Violeta respondió el saludo y corrió subiendo las escaleras. Ella irrumpió en el cuarto y cerró la puerta detrás de ella, y entonces se dio vuelta conmocionada. Su mejor amiga estaba acurrucada sobre el piso.

Violeta se agachó cerca de ella. "Jade, ¿qué te pasa?"

Jade levantó su rostro bañado de lágrimas. "Estoy embarazada," le dijo.

La mente de Violeta se aceleró, pero trató de mantener su voz tranquila. "¿Qué sucedió?"

"¿Conoces a Darío?" Claro que lo conocía. Darío era el capitán del equipo de baloncesto. Violeta recordaba que él y Jade habían estado hablando recientemente. Ellos habían salido un par de veces. Llevó un tiempo para que saliera toda la historia. Unas pocas semanas atrás, Darío le había pedido a Jade que saliera con él y otros muchachos a comer algo después de la práctica. Él le demostraba mucha atención—le abría las puertas, le besaba el cuello, la llevaba a pasear con el brazo sobre sus hombros. Después de comer, él le preguntó si quería ir a su casa a ver una película. Ellos terminaron solos sobre el sillón. Él siguió avanzando y diciéndole qué linda era. Ella seguía deteniéndolo, pero finalmente cedió un poco. Sin duda ella no quería tener sexo con ese muchacho todavía. Pero Darío seguía presionando. Él le dijo que la había observado por mucho tiempo, que estaba totalmente enamorado de ella. Incluso entonces, Jade dijo, ella tenía dudas de si sería verdad, pero era lindo escucharlo.

Por lo tanto, lo hicieron. Después de que terminaron, él le dijo que ella debía irse porque iba a dormir—tenía que cuidar su cuerpo si quería llegar a ser profesional. No fue la primera vez con un muchacho, pero eso era algo nuevo, dijo Jade. Ella se sintió usada. Ahora Darío no respondía sus mensajes y la ignoraba en el salón. Peor de todo, todos parecían saberlo. Las otras chicas la llamaban zorra. Y ahora tenía un positivo en la prueba de embarazo.

Jade miró a Violeta. "No puedo hacerlo," dijo. "Me van a echar de esta casa." Se paró de repente y dijo en un suspiro, "Tengo que arreglar esto, ahora." y salió corriendo de su cuarto. Violeta pudo escuchar que bajaba la escalera y cerraba la puerta de la calle. Violeta se sentó sobre el piso, aturdida.

PREGUNTAS DE DISCUSIÓN

1. ¿Por qué Jade cedió ante Darío?
2. ¿Fue Jade violada por Darío?
3. Por qué rechazaba Darío a Jade?

---

3. Barreras (30 min)

Temas de conversación:

- Las barreras son límites establecidos en el comportamiento de la gente hacia nosotros para ayudarnos a sentirnos seguros y estar seguros.

- Hay muchos tipos de barreras: físicas, mentales, emocionales, verbales, sexuales, espirituales, sociales, y otras.

- Todos establecemos nuestras propias barreras basadas en nuestro comportamiento hacia otros—consciente o inconscientemente—basadas en nuestras experiencias pasadas, creencias, cultura, opiniones, situación actual, y otros factores.

- Enseñas a la gente cómo tratarte con base en cómo reaccionas. Si le permites a la gente que cruce ciertas barreras, les estás enseñando que cruzarlas está bien.

- Las barreas son importantes en todas las relaciones a fin de que la gente en la relación sienta que pueden confiar uno en el otro y ser respetados por otros.

- Muchas estructuras sociales también son barreras que nos hacen sentir más seguros, desde las leyes públicas contra el asalto o la violación, hasta las políticas de abuso sexual en el lugar de trabajo—incluso la hora tope para volver a casa y las restricciones en el vestuario que imponen los padres

- Para mantener nuestras barreras nos apoyamos en las reglas de instituciones, en las expectativas sociales y en las relaciones que afectan nuestra familia, amigos, iglesia, barrio, escuela, empleador y todos los diferentes niveles del gobierno. **Pero, en última instancia, nuestras barreras son personales: somos nosotros los que tenemos que imponerlas.**

- A veces la gente tiene dificultades para decir "no". Pueden sentir que imponer sus barreras desagradará a la gente que son importantes para ellas. A veces la gente tiene dificultades para lidiar con otros que son controladores, demandantes o insistentes. Si alguno de esos casos es aplicable para ti, **es importante que aprendas a hablar sin reservas e imponer tus barreras.**

Actividad—Escenarios de límites

Haz que los adolescentes, por turno, interpreten los escenarios de abajo. Asegúrate de que cada adolescente tenga la oportunidad de ser la persona que establece o reconoce los límites. Después de cada escenario, pide a los adolescentes que identifiquen qué tipos de límites están siendo rotos, y discute maneras en que la situación podría ser manejada.

- Tu amigo te da un abrazo o toca tu brazo cada vez que lo encuentras, pero eso te hace sentir incómodo.
- Tu amigo olvidó hacer su tarea la noche anterior y te pide copia de tu tarea justo antes de la clase, pero no te sientes cómodo compartiendo lo que te ha costado tanto trabajo hacer.
- Tus amigos a menudo bromean unos con otros, pero uno de ellos siempre parece ir demasiado lejos, haciendo que tú y los otros se sientan incómodos.
- Mientras estás sola en tu casa, invitas a un amigo para ayudarte a hacer tu tarea. Después de hacer la tarea, él te agarra y trata de besarte. Tratas de empujarlo porque crees que las cosas han ido demasiado lejos. Él te dice, "Vamos, no me invitaste solo para hacer la tarea." Quieres escapar de esa situación y asegurarte de que nunca vuelva a pasar.
- Tu novia es posesiva y celosa de tus amigos. Quiere estar contigo todo el tiempo. Tú quieres pasar tiempo juntos, pero sientes como que también necesitas más tiempo para estar con tus amigos. Realmente te gusta tu novia, pero decides decirle que quieres más tiempo para ti.
- Te compraste una bebida cuando saliste con tus amigos y uno de ellos agarra tu vaso y comienza a beber de él. Ha sucedido antes y te molesta, pero nunca le has dicho nada.

Actividad—Posiciones de contacto

Si los adolescentes en tu grupo son de culturas donde está prohibido que los hombres y las mujeres se toquen, asegúrate de separarlos en grupos específicos de géneros.

1. Pide que todos busquen una persona, y que cuando lo hayan hecho lo indiquen levantando la mano o enlazando sus brazos.
2. Explica que estarás mencionando diferentes posiciones para que ellos formen con la otra persona, como "codo con codo," que significa que la pareja debe tocarse los codos. Pida que todos te muestren su "codo con codo." Explica que cuando digas "cambien," ellos deben encontrar otra pareja muy rápidamente.
3. Comienza mencionando posiciones a un ritmo bastante rápido. Ejemplos de posiciones son "codo con codo," "dedo con dedo," "rodilla con dedo del pie," y "palma con palma." Después de mencionar de tres a cinco posiciones, grita "¡cambiar!".
4. Repite esto con diferentes posiciones. Después de que hayan cambiado unas pocas veces, di "nariz con nariz."

Es mejor terminar el juego "nariz con nariz," porque usualmente tienen *fuertes* fuertes reacciones a esa posición y probablemente necesitarás un descanso en ese momento. Prepárate para gritos, risas y comentarios indicando que ellos no están cómodos o felices con "nariz con nariz." **No los fuerces a ninguna posición con la que no estén cómodos.**

PREGUNTAS DE DISCUSIÓN

1. ¿Hubo alguna posición que te hizo sentir incómodo?
2. ¿Qué sobre esa posición era incómodo?
3. ¿Te diste cuenta cuando tu pareja estaba incómoda? ¿Cómo?
4. ¿Cómo le hiciste saber a tu pareja que estabas incómodo? [mirando para otros lados, separándote, no haciendo contacto visual, diciendo "no," otras señales verbales.]
5. ¿Alguno trató de encontrar a un amigo en el cambio de pareja? ¿Por qué? ¿Con quién te sientes más cómodo para jugar a esto?
6. ¿Qué factores jugaron un rol en nosotros al decidir a quién le permitiríamos acercarse y a quién mantener alejado?

Temas de conversación:

- Todos nosotros tenemos nuestros propios límites. Podemos aprender para ser más conscientes de ellos y reconocer cómo nos sentimos cuando nuestros límites son cruzados.
- Es normal tener diferentes límites para diferentes personas, y cambiar los límites para adaptarlos a las circunstancias.
- Hay muchas maneras de decir si alguien está incómodo, y es importante respetar sus señales.

Actividad del diario—Límites en el blanco

Tomemos un poco de tiempo para pensar sobre los límites que tenemos con gente en nuestra vida. Ve a la página 72 en tu diario para hallar el blanco de los límites.

Haz un dibujo que te ubique en el medio. Ahora, piensa de los distintos tipos de relaciones en tu vida. Escribe los nombres de la gente más cercana a ti en un círculo alrededor de tu dibujo. Esa es la gente en la que más confías y con quien te sientes seguro—familia, mejores amigos. En el siguiente círculo, escribe los nombres de la gente que está cerca de ti, pero que no está en el círculo interior—a menudo, amigos. El siguiente círculo es para los conocidos o la gente que interactúa contigo regularmente pero que no pondrías en los círculos internos. En la parte exterior, escribe los

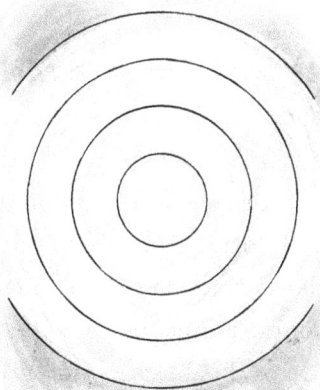

nombres de la gente con quien tienes fuertes límites porque no confías en ellos o no los conoces bien, o la gente que sabes que no respetarán tus límites.

PREGUNTAS DE DISCUSIÓN

1. ¿Cuáles son las cualidades que hacen que alguien se sienta seguro para ti?
2. ¿Hay ciertas cualidades que son las más importantes para ti?
3. ¿Qué cualidades en la gente te ayudan a confiar más en ellos?
4. ¿Pusiste a alguien en un círculo inesperado? ¿Por qué?
5. ¿Está Dios en tu círculo?

---

4. Poder, abuso y valor (25 min)

Temas de conversación:

- En la Sesión 2, vimos que la Biblia nos dice que hemos recibido la capacidad de hacer cambios en el mundo que Dios hizo. Esa capacidad es llamada poder. Dios quiere que usemos ese poder para cuidar a la creación.
- También vimos que cuando el mal entró al mundo, la imagen de Dios en nosotros fue distorsionada, y así es más probable que usemos mal nuestro poder y que podamos causar un gran daño a otros, intencional y no intencionalmente.
- Todos tienen poder. Incluso los pequeños bebés tienen poder para hacer que adultos independientes sean movidos a la acción. Pero no todos tienen la misma cantidad de poder.
- Los que comparativamente tienen menos fuerza física, experiencia, estatus social, riqueza, educación, confianza, relaciones, y así sucesivamente, son vulnerables a personas o grupos con más de esos recursos.

Actividad—La rueda del poder

Cuando el poder es usado de manera que viola la confianza, lo llamamos abuso. Usualmente, el abuso sucede cuando otra gente cruza nuestros límites y trata de controlarnos o de lo contrario impone su poder sobre nosotros. El abuso es desprecio por nuestra humanidad y por la imagen de Dios que llevamos.

Hay muchas clases de abuso. Toma algún tiempo para mirar a la rueda de poder en la página 73 de tu diario.

Este gráfico nos ayuda a considerar varias categorías de poder y las maneras en que los seres humanos usan y abusan de ese poder.

PREGUNTAS DE DISCUSIÓN

1. ¿Dónde has visto alguno de esos tipos de poder usados de maneras positivas?
2. ¿Alguna vez has visto alguno de esos tipos de poder siendo usado erróneamente de manera que el abuso se llevó a cabo?
3. ¿Qué tipo de poder tienes y cómo lo usas?
4. ¿Cómo se sentiría sobre sí misma una persona que está siendo abusada o que ha sido abusada? [impotente, menos valiosa]

Actividad—Todavía valioso

Muestra a los adolescentes un billete nuevo e impecable de $20.

PREGUNTAS DE DISCUSIÓN

1. ¿Qué puedes comprar con este dinero?
2. ¿De quién es la cara en el billete? (Es importante usar papel moneda que tenga alguna cara impresa, pues vamos a notar la conexión entre la imagen en el billete y nosotros llevando la imagen de Dios).
3. Si no viste el valor impreso sobre el billete, ¿todavía podrías reconocerlo como que es de $20 porque está la cara de Andrew Jackson?

Ahora arruga ese billete. Enróllalo entre tus manos; si fuera apropiado, incluso ponlo sobre el piso y písalo. Levántalo y pregunta: *¿Cuánto vale ahora? ¿Todavía puedes ver la cara sobre el billete?*

Temas de conversación:

- El valor del billete no cambia cuando sufre algún tipo de abuso y parece arruinado.
- La imagen de Andrew Jackson todavía es reconocible sobre el billete.
- El valor de una persona no cambia cuando es abusada, aun si ella se siente que está arruinada.
- No somos definidos por las cosas malas que otra gente nos hace.
- Cada uno de nosotros está hecho a la imagen de Dios. Eso es lo que nos hace valiosos.
- Incluso cuando pensamos que estamos quebrados o sin valor por el abuso que sucedió, la imagen de Dios todavía puede ser reconocida en nosotros.
- Somos amados y valorados por Dios, sin importar lo que nos suceda.

Lee 2 Corintios 5:16–17

"Nosotros ya no pensamos de nadie según los criterios de este mundo... el que está unido a Cristo es una nueva persona. Las cosas viejas pasaron; se convirtieron en algo nuevo." (2 Corintios 5:16–17)

PREGUNTA DE DISCUSIÓN

- ¿Qué crees que significa este versículo?

5. Manteniendo los límites (25 min)

Kati Morton es una consejera ubicada en California. Ella tiene una práctica en línea enfocada en adolescentes. En uno de sus videos, ofrece cinco consejos prácticos sobre establecer buenos límites.

Actividad opcional—Mirar el video

El video de Morton puede verse en https://www.youtube.com/watch?v=gBpDwbTsLlE. Míralo antes para ver si es apropiado para tu grupo. Si lo es, miren juntos el video o discute esos cinco puntos que empiezan en la página 74 en el diario de los adolescentes. Y haz que los adolescentes respondan las preguntas:

- **Observa**: Presta atención a cosas que te hacen enojar, estar ansioso o frustrado. Esas son señales que te ayudan a conocer dónde están tus límites.
- **Sé claro y directo:** Si una persona está cruzando tus límites, dile algo al respecto.
- **Date permiso**: Recuerda que los límites saludables son necesarios para cada relación. No te sientas avergonzado o culpable por decirlo.
- **Consigue apoyo de otros**: Habla con alguien en quien confíes—un consejero, un amigo, un padre.
- **Practica el cuidarte a ti mismo**: Establecer y guardar los límites puede ser estresante, por lo tanto, ten cuidado de ti durante los tiempos en que tus límites son probados.

PREGUNTAS DE DISCUSIÓN

1. ¿Qué puedes hacer para mejorar en crear y mantener límites saludables?
2. ¿Qué puedes hacer cuando tus límites han sido violados?

Temas de conversación:

- No aceptes a las violaciones de tus límites como normales, como una señal de amor, o como intimidad.
- No te culpes por las acciones de otra persona. Si alguien abusa de ti, no es tu culpa.
- No intensifiques una situación abusiva golpeando o siendo agresivo físicamente. Aléjate, si puedes.
- Comunica claramente que no quieres que tus límites sean ignorados ni ser tratado de una manera abusiva.
- Reconoce e interrumpe el "ciclo del abuso." (1) Incidente abusivo. (2) El abusador pide perdón. (3) Calma relacional. (4) La tensión crece. (5) Incidente abusivo. Una vez que el ciclo comienza, continuará tanto como permitas que continúe... una y otra vez.

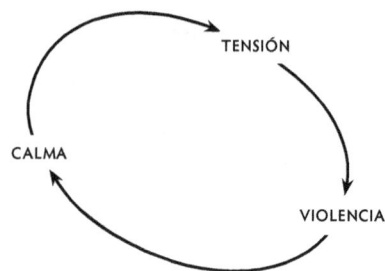

TENSIÓN

CALMA

VIOLENCIA

6. Enfoque bíblico (20 min)

A. Amnón y Tamar

Lo que le sucedió a Jade no estuvo bien. Sea que pienses que Jade fue violada o no, parece claro que se aprovecharon de ella y fue presionada para hacer algo que ella no quería hacer. Hay una historia en la Biblia donde pasó algo similar. Es sobre otro de los hijos del rey David, y es parte del trasfondo de la revuelta y muerte de Absalón, que miramos brevemente en la Sesión 5.

Lee un resumen de la historia de 2 Samuel 13:1–22, 27–29

Al hijo mayor de David, llamado Amnón, le gustaba su media hermana, llamada Tamar; tanto le gustaba, en realidad, que solo pensar cuánto quería estar con ella lo enfermaba. Un amigo le dio un mal consejo, que Amnón siguió. Él pretendió estar enfermo en cama para que Tamar viniera y le trajera algo de comida. Después de que ella fue al cuarto, él echo a todos, y le pidió que durmiera con él. Cuando ella se rehusó, él la violó. Después de que todo terminó, de repente la odió tanto que todo en él sentía repugnancia por ella. Entonces, hizo que la echaran de la casa a la fuerza.

Tamar estaba completamente avergonzada y humillada, y le rogó que no la echara. En aquel tiempo, en esa cultura, una mujer soltera que hubiera sido violada nunca tendría la oportunidad de casarse, y sería despreciada por la sociedad. Tamar rasgó sus ropas y tiró cenizas sobre su cabeza (que es lo que hacía la gente de aquel tiempo para mostrar una extrema tristeza), y lloró mucho y tan fuerte como si alguien hubiera muerto.

Pero su otro hermano, Absalón, le dijo, "Como Amnón es tu hermano, no le digas a nadie lo que sucedió. Trata de no pensar en ello." Absalón le dijo que se mudara a su casa y que él la cuidaría. Aun cuando lo hizo, Tamar estuvo triste y sola por el resto de su vida. Y aun cuando su padre, el rey David, estaba furioso con Amnón, no hizo nada para castigarlo. Tan pronto como Absalón tuvo la oportunidad, mató a Amnón.

PREGUNTAS DE DISCUSIÓN

1. ¿Por qué crees que Amnón estaba enojado con Tamar después de que él la había violado?
2. ¿Qué piensas del consejo que Absalón le dio a Tamar?
3. ¿Qué piensas de la reacción del rey David?
4. ¿Por qué la Biblia incluiría esta historia?

Temas de conversación:

- El abuso en todas sus formas ha estado sucediendo desde que Caín mató a su hermano Abel, después de que Adán y Eva dejaron el Jardín del Edén.
- A causa del pecado, algunas personas eligen hacer cosas malas, hirientes y crueles a otros que son inocentes. Incluso si alguien no es inocente, eso no es una excusa para abusar o aprovecharse de ellos.

- La Biblia incluye historias de abuso y su impacto en las personas, y también en naciones enteras. Después de que Tamar fue violada, no solo su hermano Absalón mató a Amnón, sino que varios años después él comenzó una revuelta contra David que, aunque infructuosa, resultó en mucha gente muerta en batalla y causó muchos problemas para la nación de Israel.
- En cambio, la Biblia nos urge a vivir una vida de amor unos a otros (véanse, entre otros, Efesios 4:31–32; Mateo 22:39; 1 Corintios 13:3–8a).

B. Sola y abrumada

En la Biblia surge claramente que Dios consuela a quienes han sido abusados. Es la responsabilidad de todos los cristianos hacer lo mismo. Quienes no se ponen de pie ante los abusos están fallando en lo que Dios les pidió que hicieran (Jeremías 22:3).

Lee Salmo 142

En la página 76 del diario de los adolescentes está la traducción de la DHH.

PREGUNTAS DE DISCUSIÓN

1. ¿Puedes relacionarte con alguno de los sentimientos que expresa el escritor de este poema?
2. ¿Qué partes de este lamento reflejan cómo puede sentirse una persona que ha sido abusada?

---

7. Actividad en el diario (5 min)

¿Qué relaciones en tu vida involucran límites comprometidos? ¿De qué límites te beneficiarías al poner en su lugar a algunas de tus relaciones?

SESIÓN 7. ¿CÓMO PUEDO CONTAR MI HISTORIA?

Suministros necesarios:

- Ninguno

Al finalizar esta sesión, los adolescentes deberían entender:

- Exteriorizar las heridas emocionales es esencial para el proceso de sanación
- Compartir tu historia con alguien que confías es una buena manera para comenzar a sanar
- Hay tres preguntas importantes que pueden ayudarnos a contar nuestras historias
- Hay muchas maneras para contar tu historia

---

1. Rompehielos—¡Repentinamente! (5 min)

El líder comienza una historia con una oración que termina en "REPENTINA-MENTE…" Entonces, la siguiente persona tiene que continuar la historia con su propia oración que termina en "REPENTINAMENTE…" Continúa la historia hasta que todos han contribuido. La historia se vuelve loca a medida que cada persona añade su oración. Por ejemplo, la primera persona dice, "Ayer, caminé hasta la parada de autobús, cuando REPENTINAMENTE…" Entonces la siguiente persona dice, "Escuché una conversación sobre una máquina del tiempo que fue configurada para llegar a la vuelta de la esquina, cuando REPENTINAMENTE…" Puedes usar tu teléfono para grabar la historia y reproducirla al grupo.

Conclusión del rompehielos: La narración es una parte importante de nuestras vidas y nuestras interacciones con otros. Las relaciones están construidas sobre memorias e historias. ¿Cómo fue trabajar juntos para crear una historia? ¿Te frustraste en algún momento por el giro de la historia?

---

2. Historia—"Conectados" (10 min)

Violeta se puso en pie lentamente; su cabeza le daba vueltas. No podía creer lo que le había pasado a ella y sus amigos en los últimos días. La casa estaba en silencio. La familia adoptiva de Jade debía estar ocupada o fuera. Violeta bajó las escaleras, salió por la puerta del frente y se sentó en los escalones con su cabeza apoyada entre sus manos.

"Hola, Violeta. ¿Qué pasa?" El entrenador se acercaba por la vereda con una pelota de baloncesto bajo su brazo. Se sentó sobre los escalones junto a Violeta y estuvieron callados por unos pocos minutos. Un par de veces, Violeta miró furtivamente al entrenador para ver qué estaba haciendo, pero él solo estaba sentado mirando hacia la calle.

Después de un rato, ella dijo, "Entrenador, ¿puedo preguntarle algo?"

"Claro que puedes," le respondió.

"Bien, parece que todos mis amigos están realmente luchando en este momento y no sé qué hacer para ayudarlos. No es que yo tenga todas mis cosas solucionadas," ella dijo, "y no sé cuánto más de esto puedo manejar."

El entrenador asintió con la cabeza. "¿Qué sucedió?" le preguntó. Violeta sabía que no podía contarle sobre Jade, por lo tanto, habló sobre Tony. Ella le contó sobre cuán cercanos eran él y Raymond, y cómo se sintió cuando llegó a la casa y vio sangre en la sudadera de Tony. Incluso le contó cuando Tony golpeó la pared. También dijo que lo que hizo todo más difícil fue el recuerdo de la muerte de su mamá—y hoy es el aniversario de la primera vez que supieron que tenía cáncer.

"Es un montón de cosas para enfrentar, Violeta," dijo el entrenador. "Dime, ¿cómo te hace sentir todo esto?"

"Estresada, un poco asustada, y realmente triste," dijo Violeta.

"¿Y cuál es la parte más difícil para ti en todo esto?" preguntó el entrenador calmadamente.

Violeta se encogió de hombros. "Supongo que sentirme tan impotente. No puedo cambiar nada de todo esto."

"Tienes razón," dijo el entrenador. "No puedes. Y eso es realmente difícil."

Violeta hizo una pausa para pensar en eso. Luego dijo, "Ya me siento mejor solo por haber hablado con usted. Gracias por escuchar."

"De nada. Escucha, Violeta. Cuanto más puedas hablar con alguien sobre algo terrible que te haya sucedido, menor será el poder de ese recuerdo sobre ti, y así no puede causarte tanto dolor. Cuanto más cuentes tu historia, mayor poder tendrás sobre el mal recuerdo. Por eso te sientes un poco mejor ahora— por hablar sobre ello."

"Nunca pensé sobre eso de esa manera," dijo Violeta. "No cambia las cosas que sucedieron, pero supongo que ya no me siento sola."

"Bien, me alegro que hayas confiado en mí lo suficiente como para compartir tu historia conmigo—creo que eso te ayudará a manejar los temas difíciles que estás enfrentando en este momento."

Violeta se paró. Le agradeció al entrenador otra vez y se dirigió a su casa. Cuando entró por la puerta, todo estaba tranquilo. Tony estaba jugando a los videojuegos en la sala de estar con sus auriculares. Jacqueline y Rosa estaban hablando en la cocina. Darrell estaba en su cuarto.

Violeta se sentó cerca de Tony. Él siguió jugando, pero deslizó sus auriculares hasta sus hombros. Cuando terminó el nivel, dijo, "¿Qué pasa, V.?"

"Jade está embarazada," se le escapó, "y Darío es el papá."

Tony se volvió hacia ella. "*¿Qué?*"

Violeta le contó la historia y cómo Jade salió corriendo, probablemente para encontrar una clínica de abortos. Entonces ella le contó a Tony sobre su charla con el entrenador y por qué eso la hizo sentirse menos estresada.

"Es como que tiene sentido," dijo Tony.

Violeta lo miró. "Entonces... ¿por qué no le cuentas a alguien todo lo que te pasó en los últimos días?" dijo ella. Tony apagó el juego, se sacó los auriculares, y empezó a hablar.

PREGUNTAS DE DISCUSIÓN

1. ¿Por qué es útil compartir nuestras historias?
2. ¿Qué hace que contar nuestras historias sea tan difícil?
3. ¿Qué piensa sobre la idea del entrenador de que las memorias tienen y pierden poder?
4. ¿Qué tres preguntas le hizo el entrenador a Violeta?

---

3. Escuchar bien y mal (25 min)

El entrenador le hizo a Violeta tres simples pero poderosas preguntas que todos podemos usar para ayudar a otros a contar su historia. Estas **tres preguntas al escuchar** ayudan a las personas que están luchando para enfocarse en lo que han experimentado, e identificar lo que realmente sienten sobre ello.

- ¿Qué pasó?
- ¿Cómo te sentiste?
- ¿Cuál fue la parte más difícil para ti?

Esas preguntas son una parte importante de escuchar bien. Pero no son lo único que nos hace un interlocutor eficaz. En unos pocos minutos, miraremos algunas historias de la Biblia que presentan diferentes maneras de escuchar. Pero primero demos una mirada a estas parodias.

Arregla de antemano con un par de adolescentes para interpretar las siguientes parodias simples para el grupo.

Actividad—Escuchar mal/Escuchar bien

Escena 1—Escuchar mal. Un par de adolescentes están pasando el rato en el campo después de la escuela. Uno de ellos tiene algo que realmente quiere compartir. Su novia lo dejó por el idiota más grande de la escuela. Para peor, su abuela está enferma y probablemente esté a punto de morir. Él está tratando de hablar, pero el que lo está escuchando no lo está haciendo bien. Él (o ella) sigue diciendo "sí" y "ajá," pero sigue enviando mensajes de textos con su teléfono. Finalmente, el mal escuchador toma una llamada—y entonces ve su transporte y se aleja del amigo que está tratando de hablarle, diciéndole, "Más tarde la seguimos. Espero que tus cosas se solucionen."

Escena 2—Escuchar mal. Es la misma situación, pero ahora el que escucha está tratando de solucionar todo. Él usa continuamente la frase "al menos" ("Al menos sabes que tu novia no valía la pena, de todos modos" o "Al menos tu otra abuela es saludable.") Él le sigue diciendo a su amigo que ahora él está mejor ("Es mejor que no tengas novia si ella va a actuar de esa manera" y "Al menos tu abuela estará en un lugar mejor.")

Escena 3—Escuchar bien. La misma historia anterior, pero esta vez el que escucha demuestra escuchar activamente y usa las tres preguntas del que escucha para escuchar la triste historia. Su transporte llega, pero antes de irse fija un plan con su perturbado amigo para hablar de nuevo más tarde.

Actividad de discusión—Ser un buen escuchador

Escuchar se hace con algo más que los oídos. Si quieres impresionar realmente a toda la gente en tu vida, incluyendo a los adultos, comienza a escuchar con todo tu cuerpo cuando los demás hablan. Eso es llamado "escuchar activamente." No es difícil, pero requiere práctica.

Mira la página 84 de tu diario para encontrar un lugar en donde puedas escribir las cualidades de un buen escuchador.

PREGUNTAS DE DISCUSIÓN

1. ¿Cuáles son las cualidades de un buen escuchador?
2. ¿Qué crees que está involucrado en el escuchar activamente?
3. ¿Cuáles de esas observas en la interacción del entrenador con Violeta? ¿En las parodias?
4. ¿Te gusta que la gente te mire directamente cuando te está hablando?

Asegúrate de que las respuestas incluyan cómo está sentado el que escucha (una postura alerta, quizá inclinado hacia adelante), usando contacto visual si es posible, sin interrumpir, y respondiendo verbalmente a la persona que está hablando. También ayudaría mencionar que es importante permitir pausas en la conversación y no apurar una respuesta—especialmente para dar un consejo o una opinión. Asentir con la cabeza y sonidos como "mmm" puede ayudar.

Mantener el contacto visual le dice al que habla que estás prestando atención, pero observa si hay señales de que el que habla se siente incómodo. Si sientes eso, baja la mirada a tus manos por un momento, antes de volver al contacto visual.

4. Enfoque bíblico—Escuchar mal/ Escuchar bien (25 min)

Una de las grandes cosas sobre la Biblia es que nos da historias sobre comportamientos buenos y malos. Voy a compartir dos historias de la Biblia. Tú decides qué gente en las historias nos dan un ejemplo de escuchar bien y cuáles no lo hacen.

Historia uno: Job

Job era un hombre realmente asombroso. Amaba a Dios y vivía una buena vida moral. Era rico; tenía mucho dinero, masivas extensiones de tierra y muchos animales, una gran familia, y todo el respeto de su comunidad. Sin embargo, llegó un momento en su vida cuando todo cambió. Dios decidió permitir a

Satanás que lo pruebe para ver qué era importante para él. Job perdió todo en un día: todos sus hijos, riqueza y tierras, todo menos su casa y su esposa. Entonces todo empeoró. Se enfermó seriamente

Imagina a Job: tiene mucho dolor, sin un centavo, y penando por la pérdida de sus diez hijos. En este punto, sus tres amigos Elifaz, Bildad y Sofar van a visitarlo. Primero, lloran con Job, solo se sientan sin decir nada.

Después de una semana sin decir nada, Elifaz habla primero y le dice a Job que su dolor se debe a su propio pecado, por lo tanto, él necesita arrepentirse. Bildad y Sofar están de acuerdo en que Job debió haber hecho cosas malas y que por eso estaba sufriendo. Incluso dicen que sus hijos atrajeron la destrucción sobre sí mismos y que lo merecían, y que Job también debió haber hecho algo que merecía su castigo. *(Esta historia es adaptada del libro de Job.)*

Historia dos: María y Marta

Jesús tenía estas amigas realmente cercanas, dos hermanas llamadas María y Marta. Puede ser que las recuerdes de la historia donde Jesús lloró cuando ellas estaban tristes por la muerte de su hermano Lázaro. Un día, Jesús estaba en la casa de ellas, y estaba enseñando a sus seguidores en la sala de estar. María estaba a sus pies, escuchando cuidadosamente cada palabra que él decía, mientras que Marta estaba preparando comida y trabajando mucho. Finalmente, ella se enojó tanto con María por tener toda su atención puesta en Jesús y no ayudarla con su tarea, que le pidió a Jesús que hiciera que María la ayudara. Pero Jesús le dice a Marta que aunque ella está distraída por muchas cosas, María ha elegido lo mejor: sentarse a sus pies y escuchar. *(Esta historia es adaptada de Lucas 10:38–41.)*

PREGUNTAS DE DISCUSIÓN

1. ¿Quién es la persona que mejor escucha en estas dos historias?
2. ¿Los que escuchaban a Job hicieron algo que fuera útil? [Se sentaron en silencio por una semana.]

Actividad del diario—¿Cómo escucha Dios?

¡Sabemos que Dios es un buen escuchador! La Biblia nos dice mucho sobre cómo nos escucha Dios. Mira la sección "¿Cómo escucha Dios?" en la página 85 de tu diario para examinar a alguno de estos versículos bíblicos: Salmo 145:18; Salmo 86:5; Salmo 10:17; Salmo 66:19–20; Job 23:6.

5. Actividad—Ejercicio de escuchar (25 min)

Uno de los pasos más importantes al enfrentar malos recuerdos es contar tu historia. Vamos a practicar eso juntos ahora mismo, empezando con una simple historia. Por turnos, también practicaremos las tres preguntas de escuchar y el escuchar activamente. Puedes verlas en la página 84 de tu diario.

Divide al grupo de dos en dos. Haz que todos piensen en algo que les haya sucedido que fue un desafío, pero que no fue la cosa más difícil de su pasado. (Usa una escala donde 1 es algo fácil y 10 es la peor cosa que puede suceder, y pídeles que elijan algo entre 4 y 6.)

Haz que cada par tenga su turno, uno compartiendo la historia y el otro practicando el escuchar activamente, y usando las tres preguntas del escuchador. Después de siete a diez minutos, haz que cambien los roles.

PREGUNTAS DE DISCUSIÓN

1. ¿Cómo fue contar tu historia?
2. ¿Cuál fue la parte más difícil de contar una historia?
3. Cuando estabas contando tu historia, ¿qué hizo bien tu escuchador?
4. ¿Cómo fue ser el que escucha? ¿Qué aprendiste sobre escuchar?

---

6. Actividad del diario—Una historia difícil (15 a 30 min)

Ahora que todos han practicado el contar una historia, haz que todos en el grupo usen la página 86 de su diario para contar una historia difícil—quizá incluso su recuerdo más doloroso—y de la manera más significativa. Pueden dibujar, escribir o crear letras de canciones en este espacio. No tendrán que compartir esta historia con nadie a menos que quieran hacerlo.

Ten a mano marcadores, crayones y lápices de colores para que ellos usen. Cuando todos hayan terminado, invita a alguno a compartir sus dibujos, escritos o letras de canciones con el grupo. Aliéntalos a compartir, pero diles que no están obligados a hacerlo, pues su historia debe ser compartida solo cuando estén listos.

SESIÓN 8: ¿A DÓNDE PUEDO LLEVAR MI DOLOR?

Suministros necesarios:
- Una simple cruz hecha de madera
- Una pequeña cesta
- Un papel de impresión blanco
- Un molde de aluminio o bandeja de hornear
- Encendedor o fósforos
- Dispositivo para escuchar música (lector de CD, teléfono, etc.)

Al finalizar esta sesión, los adolescentes deberían entender:
- Jesús quiere una relación personal con nosotros
- Jesús murió en la cruz para sanarnos, así como para salvarnos de nuestros pecados
- Jesús es confiable y nunca nos dejará o abandonará
- Podemos llevar nuestro dolor a Dios y esperar que él nos sane

1. Rompehielos—Esto o aquello (5 min)

Haz que todos se paren en el medio del cuarto. El líder dará dos opciones; cada adolescente debe decidir cuál elegirá. Los adolescentes irán al lado del cuarto que representa cada elección. Un ejemplo puede ser, "¿Te gusta McDonald's (un lado del cuarto) o Burger King (el otro lado del cuarto)?" El líder debe hacer dos rondas y entonces dejar que cada adolescente, por turnos, vaya al lugar de su elección. Las categorías para elegir pueden incluir deportes, música, cultura pop, comida, aplicaciones de medios sociales, y cosas por el estilo.

Conclusión del rompehielos: Tenemos muchas elecciones en nuestra vida. A tu edad, tienes que tomar muchas decisiones sobre lo que vas a vestir, hacer, comer y salir. Continuar tomando los pasos para sanar las heridas de tu corazón es también tu elección. En ese camino a la sanación, serás confrontado con quizá las mayores decisiones de tu vida. Vamos a hablar sobre esa elección hoy.

2. Historia—"Nunca solo" (15 min)

Tony y Violeta hablaron por mucho tiempo. Finalmente, Violeta se paró y fue a buscar algo para comer antes de ir a la cama. Estaba exhausta debido a su intenso día, pero se sentía bien porque pudo ayudar a que Tony se sintiera mejor. Ahora si Jade solo respondiera a sus mensajes de texto.

Tony se desplomó sobre el sillón. Estaba cansado. La abuela Rosa vino y se acomodó en la silla cerca de su cabeza. Ella traía la sudadera ya limpia de Tony en sus manos, y se estaba preparando para coser la manga desgarrada. Puso la sudadera sobre su regazo, miró a Tony amablemente, y levantó su mano para ponerla sobre el hombro de Tony. "Tony, ¿qué puedo hacer para ayudar?" preguntó.

"No sé si alguien pueda ayudarme, abuela. Duele demasiado," le respondió.

Rosa le dijo que era normal que se sintiera herido. "Pero no estás solo," dijo ella. "Extrañaremos a Raymond." Ella le recordó que ella y su mamá y Darrell, más Violeta y sus amigos en la escuela, estaban todavía ahí con él.

Tony negó con la cabeza. "Pero no sé en quién puedo confiar para que *esté* conmigo." Dobló su cuello para mirar a su abuela. "Incluso tú no siempre estarás aquí para mí," dijo calmadamente.

Rosa sonrió. "Eso es verdad, Tony," le dijo. "Pero hay alguien que siempre puede estar ahí para ti. Deja que te cuente una historia de cuando yo era una niña." Tony se dio cuenta de que él nunca había oído mucho sobre su niñez. Rosa le dijo a Tony que cuando era más joven que él, sus dos padres habían muerto. Ella tomó a su cargo la crianza de sus cinco hermanos más jóvenes, y a menudo sentía que a nadie le importaba.

"Fue muy difícil, y muchas, muchas veces me sentí completamente sola. Pero encontré a alguien que nunca me abandonaría sin importar lo que sucediera alrededor de mí. Su nombre es Jesús. Él ha sido un gran consuelo para mí en aquellos años."

Tony no dijo nada. Rosa siempre iba a la iglesia, y ella lo había llevado algunas veces, pero eso nunca había sido lo suyo. Se sentó junto a ella y se preguntaba sobre lo que ella recién le había dicho.

"Tony," dijo Rosa calmadamente. "Quiero que sepas que Jesús es alguien que puede comprenderte y ayudarte a enfrentar tu dolor."

"Aun si quisiera, no sé cómo hacer eso," dijo Tony. Su garganta estaba tensa por su frustración.

"Todo lo que tienes que hacer es hablar con él," dijo Rosa, y le preguntó si ella podía orar por él ahora mismo

Tony se encogió. "En realidad prefiero que no, abuela," le dijo.

"Comprendo," dijo Rosa. "Puede ser bastante difícil hablar con Dios después de que suceden cosas horribles. Estaré orando por mi cuenta. Recuerda, Tony, Jesús siempre está contigo y nunca te abandonará. Puedes hablar con él en cualquier momento. Eso es la oración—no tiene por qué ser más complicado que eso. Siempre me siento mejor cuando le cuento mis problemas."

Rosa se fue a la cama y Tony se sentó en el sillón pensando en lo que ella le había dicho. Tony pensó sobre cuánto dolor tenía dentro. Recordó que hablar con Violeta lo ayudó a sentirse mejor. Quizá lo ayudaría si también hablaba con Jesús. No haría daño, de todas maneras.

PREGUNTAS DE DISCUSIÓN

1. ¿La charla con la abuela Rosa ayudó a Tony?
2. ¿Alguna vez has tenido una conversación con Dios?
3. Así que, ¿quién es Jesús?

3. ¿Quién es Jesús? (15 min)

Quizá alguno de ustedes es como Tony: han oído de Jesús, pero él no significa nada para ti. Cuando Jesús vivía en la tierra (durante el tiempo del Imperio romano), su enseñanza y milagros causaron mucha conmoción, pero la gente estaba confundida sobre quién era él. Generalmente, él parecía un tipo normal, pero a veces era obvio que era alguien muy especial. Incluso sus seguidores más cercanos no parecían conocerlo. En un punto, Jesús les preguntó a sus seguidores lo siguiente: "¿Quién dice la gente que soy?"

> Ellos contestaron, "Algunos dice que Juan el Bautista; otros que Elías, y otros dicen que Jeremías o algún otro profeta." "Y ustedes, ¿quién dicen que soy?" les preguntó . Simón Pedro le respondió, "Tú eres el Mesías, el Hijo del Dios viviente ." (Mateo 16:14–16)

Jesús le dice a Pedro que su respuesta es correcta. Pero, ¿qué significa que Jesús es el Mesías?

En la Sesión 2 aprendimos que cuando Adán y Eva desobedecieron a Dios, su acción trajo pecado y muerte al mundo, causando dolor y sufrimiento, y separación de Dios y de unos con otros. Incluso la tierra fue afectada. La Biblia nos dice que el pecado y la muerte se diseminaron en toda la raza humana. Es como un virus infectándonos. Ninguno de nosotros es inmune, porque todos han pecado (Romanos 5:12).

Pero aunque hemos desobedecido, Dios todavía nos ama, somos las criaturas que él ha hecho. Él no podía ignorar el pecado irrumpiendo en su mundo perfecto, pero no nos abandonó. Él tenía un plan para restaurar su relación con nosotros. Aun cuando establece las consecuencias por la desobediencia en Génesis 3, Dios promete que algo será hecho a través de los descendientes de Eva para aplastar a la serpiente, ponerle fin a su poder. La Biblia muestra cómo el plan y la promesa de Dios se hicieron realidad en la historia a través del pueblo de Israel. Dios los eligió, les hace promesas y les enseña cómo es él y cómo vivir en armonía con él. Dios usará a Israel para restaurar todo el mundo.

Mucho en la Biblia es sobre el pueblo de Israel batallando con su identidad como pueblo de Dios. Obedecen, y después se rebelan. Entonces se arrepienten; y luego se rebelan otra vez. A través de los siglos, Dios envió a profetas para desafiarlos, inspirarlos, para mostrarles un mejor camino. Algunos de esos profetas enseñaron que Dios enviaría a alguien en su nombre: un rey de la línea real de Israel que sería levantado para restaurar el orden, terminar con el sufrimiento y poner las cosas en su lugar (véase Isaías 11, por ejemplo). Esta persona era llamada Mesías, que significa "el ungido" o "el elegido" (en griego, el lenguaje del Nuevo Testamento, la palabra para "Mesías" is "Cristo").

Muchos años después de que esas promesas fueron hechas, Dios envió a Jesús. Durante un corto tiempo sobre la tierra—solo treinta y tres años—él fue por los alrededores con un grupo de discípulos, enseñando y sanado a la gente. Él hizo algunas afirmaciones muy fuertes, incluyendo la promesa de que todos los que confían en él recibirían una vida que nunca terminaría. Sus apremiantes enseñanzas y milagros inspiraron a las multitudes, pero amenazaron a los líderes de su tiempo. Jesús no era el tipo de Mesías que Israel estaba esperando. Finalmente, los líderes religiosos lo hicieron arrestar y ejecutar por el gobierno romano. Jesús fue clavado a una cruz y murió de una muerte dolorosa y humillante. Estuvo muerto por tres días, pero entonces Dios lo resucitó.

Después de su resurrección, Jesús apareció por un tiempo a sus seguidores para alentarlos. Él prometió enviar el Espíritu Santo para ayudarlos y fortalecerlos, y estar con ellos; y les dio una tarea que cumplir. También les prometió que volvería otra vez en persona. Luego, ascendió al cielo, donde todavía está.

Entonces, ¿quién fue Jesús? ¿Y quién es él ahora?

La Biblia enseña que Jesús es completamente humano y también divino. Como descendiente de la línea real de Israel, él encaja en el perfil de aquel Mesías, el rey especialmente levantado (y ungido) para poner las cosas en orden entre Dios y la gente. Jesús vivió entre la humanidad sin ceder al pecado, pero aun así aceptó las consecuencias del pecado. Cuando murió en la cruz, Jesús tomó los pecados y el sufrimiento de todo el mundo, por toda la historia, sobre sí mismo. Él murió para que nosotros podamos ser sanados y tener vida.

Por su muerte y resurrección, él ha conquistado a la muerte misma. La resurrección muestra que Jesús es quien él decía ser. Él tiene el poder y la disposición para perdonar pecados, sanar corazones heridos y restaurarnos a una completa relación con Dios. Él está haciendo nuevas todas las cosas—¡y no solo a la gente, sino a toda la creación!

Búsqueda bíblica

Haz que los adolescentes lean Romanos 8:18–23; 1 Corintios 15:20–23; 2 Corintios 5:17; y Apocalipsis 21:5.

---

4. Jesús quiere una relación contigo (10 min)

Ahora que Jesús ha abierto el camino, Dios nos da la libertad de elegir si vamos a tener una relación con él o no. Él nos ama, pero nunca nos forzará. Tener una relación con Jesús no significa que todo se volverá perfecto mágicamente. No significa que nuestras malas circunstancias cambiarán para bien.

Lo que sí significa es que tenemos una nueva fuente de vida. Nos convertimos en una nueva creación. Tenemos un amigo para siempre. Podemos confiar en que Jesús nunca nos dejará. Su Espíritu Santo vendrá a vivir dentro de nosotros para consolarnos, para enseñarnos y para conectarnos a otros que están en una relación con él. El Espíritu nos da un nuevo propósito en nuestras vidas y nos permitirá convertirnos en más de lo que alguna vez soñamos que podríamos ser.

Para tener una relación con Jesús, solo tienes que hablar con él. Decirle que no quieres tratar de seguir viviendo tu vida de tu propia manera. Pídele que venga a tu vida, que perdone tus pecados y que sane tu herido corazón. Pídele que te muestre cuánto te ama. Escucha lo que él tiene para decirte.

- ¿Qué sabes acerca de Jesús? ¿Quieres conocer mejor a Jesús?

Ve a la página 94 de tu diario para encontrar un lugar donde puedas responder a la pregunta, "¿Quién es Jesús?" *Quizá quieras sugerir a los adolescentes que empleen algún tiempo para responder esa pregunta más tarde, en un ambiente más privado.*

5. Llevando nuestro dolor a la cruz (50 min)

Antes de esta sesión: Para preparar este ejercicio, los líderes necesitan hacer una cruz de madera y tener papel y bolígrafos para todos. También necesitarás un recipiente a prueba de fuego (una fuente desechable de aluminio o una fuente para hornear también servirán), fósforos o encendedor, y un lugar fuera para quemar papeles. Como alternativa puedes usar una vela sobre una fuente para hornear que permanezca encendida durante esta parte de la actividad, y los adolescentes pueden usarla para encender sus papeles que entonces arrojarán a la fuente. Es importante que los papeles se quemen sin mayor dificultad, para que no se distraigan de la experiencia.

La cruz puede ser hecha tan simplemente como atar un par de palos, tacos o reglas de madera, o más resistente clavando dos tablones de 2x4. Si no es posible hallar o hacer una cruz, los líderes pueden optar por una alternativa, como cortar una cruz de una cartulina o dibujar una cruz en un papel. Dependiendo de la cruz y del entorno, los papeles de los adolescentes más tarde serán puestos en una canasta o caja al pie de la cruz o pueden ser unidos a la cruz con tachuelas o un martillo y clavos.

Prepara a los adolescentes para este ejercicio explicándoles que si eligen participar, este será un tiempo especial entre ellos y Dios. Ellos no necesitan participar, pero deben ser respetuosos de este tiempo.

Presenta esta actividad: Hemos empleado tiempo para reconocer el dolor que estamos cargando y hemos expresado ese dolor al compartirlo escuchándonos unos a otros. Ahora estamos invitados a traer nuestro dolor a la cruz de Jesús y pedirle que sane nuestros corazones heridos. **No es obligatorio participar en esta experiencia, pero estás invitado a hacerlo.**

Sanar lleva tiempo. Este ejercicio no sanará necesariamente todas las heridas instantáneamente, pero puede ser una parte importante del proceso. Este ejercicio es bastante ceremonial, pero cada uno de nosotros necesita saber que podemos traer nuestro dolor a Jesús en todo momento, en todo lugar, tan a menudo como lo necesitemos.

Lidera la ceremonia: Lee en voz alta o cuenta lo siguiente en tus propias palabras:

Todos aquí están invitados a llevar su dolor a la cruz. En la Biblia se nos enseña que Jesús vino no solo para perdonar nuestros pecados, sino también para llevar nuestro dolor y sanarnos. Mateo 8:17 dice, "Esto sucedió para que se cumpliera lo que anunció el profeta Isaías, cuando dijo, 'Él tomó nuestras debilidades y cargó con nuestras enfermedades.'"

Mateo estaba hablando sobre un profeta que vivió setecientos años antes de que Jesús naciera. Las palabras de Isaías sobre Jesús el Mesías fueron escritas en un libro que fue tan reconfortante para el pueblo israelita de entonces como lo es para el de ahora. Isaías también escribió de Jesús como "un hombre lleno de dolor, acostumbrado al sufrimiento" (Isaías 53:3). Jesús sabía lo que era estar traumatizado por experiencias terribles, ser rechazado y traicionado por amigos, y ser torturado y matado como un hombre inocente. En Isaías 53.4–6, leemos:

> Y sin embargo él estaba cargado con nuestros sufrimientos,
> estaba soportando nuestros propios dolores.
> Nosotros pensamos que Dios lo había herido,
> que lo había castigado y humillado.
> Pero fue traspasado a causa de nuestra rebeldía,
> fue atormentado a causa de nuestras maldades;
> el castigo que sufrió nos trajo la paz,
> por sus heridas alcanzamos la salud.
> Todos nosotros nos perdimos como ovejas,
> siguiendo cada uno su propio camino,
> pero el Señor cargó sobre él la maldad de todos nosotros.

[Si es posible, pasa alguna música tranquila, suave, en tu teléfono o computadora.]

Di: "Estás invitado ahora a emplear algún tiempo para llevar tu dolor a Jesús." Escríbelo en un papel o haz un dibujo al respecto. Dile exactamente lo que es: por ejemplo, ira, tristeza, soledad o un sentimiento de abandono o traición. Vacía tu alma. Expresa todas las emociones que sientas sobre el dolor. Puedes escribirlo como una oración si se siente cómodo así. Esto es completamente confidencial—nadie leerá lo que escribiste y el papel será quemado.

"Cuando estés listo, lleva el papel sobre el cual escribiste tu dolor, a la cruz. Clávalo en la cruz, o ponlo en una caja al pie de la cruz. Cuando lo hagas, di, 'Estoy dando mi dolor a Jesús, que murió en la cruz por mí.'"

Quema los papeles: Cuando todos los papeles han sido calvados a la cruz o ubicados en una canasta, los líderes los sacarán y los ubicarán en el recipiente a prueba de fuego. Lleva la cruz y el recipiente a prueba de fuego con los papeles afuera, al lugar designado previamente y que es seguro para hacer un fuego.

Di: "No hay nada mágico sobre quemar esos papeles. Pero es un poderoso símbolo para mostrar cómo quiere sanar Dios tu corazón completamente. Jesús vino y murió en la cruz para sanar las heridas de nuestro corazón. Cuando mires cómo se queman esos papeles, incluyendo el tuyo, piensa sobre el amor de Jesús y la relación que él quiere tener contigo. Tú le habrás dado tu dolor a Jesús, y ya no tendrás que cargarlo más."

Ahora quema los papeles para mostrar que el sufrimiento que hemos experimentado se convierte en cenizas. Este puede ser un tiempo para experimentar la sanidad de Dios.

Cuando los papeles se hayan quemado, haz una oración de agradecimiento.

6. Actividad del diario (10 min)

Imagina que Jesús está sentado contigo y esperando oír lo que sea que estás pensando. ¿Tienes preguntas para él? ¿Estás batallando para creer las cosas que has escuchado sobre él? ¿Cómo se siente traer tu dolor a la cruz? Expresa lo que hay en tu corazón en una carta o dibujo dirigido a él.

SESIÓN 9. ¿CÓMO PUEDO PERDONAR?

Suministros necesarios:

- Rotafolio sobre un caballete
- Cinta masking
- Una pequeña canasta
- Una soga de cuatro pies (1.20 Mts.), o una bufanda larga
- Algún dispositivo para escuchar música (reproductor de CD, teléfono, etc.)

Al finalizar esta sesión, los adolescentes deberían entender:

- Qué es y qué no es el verdadero perdón
- El perdón es un proceso que se lleva a cabo con el tiempo
- El perdón es un don de Dios
- El perdón te libera de la ira y la amargura

1. Rompehielos: Palmada feliz (5 min)

Este juego es para dos personas por vez. Túrnense hasta que sea declarado un ganador de todo. Dos personas se paran de frente una a la otra, con sus palmas enfrentadas entre sí y los dedos de los pies separados por unas pulgadas. Sus pies deben estar juntos. El objetivo es hacer que la otra persona mueva sus pies hacia adelante o hacia atrás, golpeando las palmas del otro. No está permitido agarrar. Cualquier movimiento de los pies resulta en la victoria de la otra persona.

Conclusión del rompehielos: A veces, incluso en los juegos, nuestros sentimientos pueden ser heridos. ¿Cómo es ganar o perder? ¿Cómo te afectaría perder un juego realmente importante? ¿Alguna vez has batallado para dejar ir esos sentimientos?

2. Historia—"Imposible" (15 min)

Violeta estaba exhausta, pero no podía dormir. Estaba acostada sobre su cama jugando juegos en su teléfono cuando finalmente recibió un mensaje de Jade. Ella había ido a la clínica de abortos, llenó algunos papeles y habló con un consejero.

Violeta no sabía qué responderle, pero afortunadamente Jade seguía escribiendo. Le dijo que no sabía qué más hacer y que todavía no se lo había dicho al entrenador. "Y mañana es domingo," escribió. "Tendré que ir a la iglesia con ellos. No quiero enfrentarlo sola. ¿Puedes venir conmigo?"

¿A la iglesia? Violeta se estremeció cuando recordó aquella señora que trató de hacerla ir a la iglesia, pero el entrenador parecía ser muy diferente, por lo que ella estaba dispuesta a darle una oportunidad por el bien de Jade.

Violeta le envío a Jade un sí. Entonces, sin descansar, se levantó y caminó a la sala de estar. Tony todavía estaba despierto. Violeta le preguntó si quería ir con ellos también. Para su sorpresa, le dijo que sí.

Violeta no había ido a la iglesia desde que su mamá se enfermó. Cuando la siguiente mañana ella y Tony se encontraron con Jade en el frente de la iglesia, estaban sorprendidos por cuánta gente que ellos reconocían. Cuando entraron, se sorprendieron porque todo era tranquilo, y después de unos minutos de sentirse incómodos, se dieron cuenta que su estrés iba desapareciendo. Aquello era bien diferente a lo que pensaron que sería.

"Vamos a una clase antes de que la reunión principal comience aquí," dijo Jade. "Vamos."

Cuando llegaron al salón de clase, el líder estaba hablando sobre el perdón. Él contó la historia de un muchacho llamado José a quien sus hermanos vendieron como esclavo. Le pasaron muchas cosas malas, pero al final los perdonó. José pudo decir a sus hermanos que aunque ellos intentaron dañarlo, Dios cambió sus acciones en bien.

Entonces él habló de Jesús y cómo también había sufrido cosas que no merecía, y que había muerto en la cruz para perdonar a la gente por todas las cosas malas que alguna vez hubieran hecho, y también para sanar sus heridos corazones. Él dijo que de la manera como Jesús había perdonado a todos, nosotros necesitamos perdonar a otros también. Él concluyó con una descripción gráfica. Aferrarse a las heridas causadas por otras personas es como un peso que cargamos cada día—o como que estamos atados a esa persona.

Tony había estado prestando atención. Todo estuvo bien hasta que escuchó eso. *¿Perdonar?* ¿Perdonar a esos tipos que mataron a Raymond? ¿Perdonar a Ben por aprovecharse de su mamá? ¿Perdonar a su papá por arruinarle la vida? De ninguna manera. Imposible.

Cuando la reunión terminó, el entrenador invitó a Violeta y a Tony para almorzar. Ante de que entraran a la casa, el entrenador separó a Tony. "¿Podemos caminar un minuto?" le preguntó. Los otros cerraron la puerta detrás de ellos cuando el entrenador y Tony se sentaron en los escalones.

"¿Cómo estás, Tony?" le preguntó el entrenador. "Estaba preocupado por ti cuando supe que la lección era sobre el perdón. Probablemente, esa era la última cosa que querías escuchar hoy, con lo que le sucedió recientemente a Ray."

"Mire. ¡No hay ninguna posibilidad de que pueda olvidar lo que esos tipos le hicieron a Ray! ¡Ni siquiera me lo pida!"

"No lo hago," dijo el entrenador. "Perdonar no es lo mismo que olvidar. Es más como dejarlo ir, y es muy difícil. Perdonar puede tomar un buen tiempo."

Tony se paró. "Lo lamento, entrenador. Ahora no tengo hambre." Cuando se alejaba, escuchó al entrenador decir, "Lo comprendo, Tony. Ven en cualquier momento en que necesites hablar."

El entrenador entró y se unió a los otros a la mesa. "Tony quiere estar a solas ahora," dijo. "Entonces, ¿qué piensan ustedes dos sobre la lección sobre el perdón de esta mañana?"

"Creo que tengo que perdonar a mi mamá por morir de cáncer," dijo Violeta, "aunque no fue su culpa. Todavía me hace enojar que ella se haya ido, a veces la culpo aunque eso no tenga ningún sentido. Es complicado. Quizá yo también necesito ayuda."

El entrenador sonrió. "Bien," dijo, "ser amigo de Jesús es un buen primer paso para poder encontrar el perdón. Él te puede ayudar a dejar ir la ira y la amargura que sientes."

Después del almuerzo, Violeta caminó sola por la calle, pensando en lo que el entrenador había dicho. Cuando llegó a un parque y encontró un banco libre, se sentó y decidió hablar con Jesús por un rato.

PREGUNTAS DE DISCUSIÓN

1. ¿Cuáles pueden ser algunas de las razones por las que Violeta se estremeció cuando recordó a la señora de la iglesia? (Algunos adolescentes pueden estar batallando con la hipocresía y santurronería que ellos ven en algunos miembros de iglesia, y con las inútiles respuestas de algunos respecto al dolor. Ayúdalos a comprender que los que van a la iglesia no son más perfectos que los que no asisten a la iglesia; todos necesitamos la ayuda y la sanidad de Dios.)
2. ¿Por qué Tony pensaba que el perdón es algo imposible?
3. ¿Qué dijo el entrenador sobre el perdón?
4. ¿Cuándo has batallado con el perdón?

El perdón es un proceso personal. Casi nunca fluye en línea recta y a veces demanda mucho tiempo. En la historia vemos que Tony todavía no está realmente listo para hablar sobre el perdón, pero Violeta está en un lugar diferente de su proceso. Es útil pensar sobre el perdón como de un viaje en el que a veces se adelanta y a veces se retrocede un par de pasos.

3. ¿Qué es el perdón? (45 min)

Antes de esta sesión, prepara para esta actividad dos trozos de papel de rotafolio. En el primero, escribe "El perdón NO ES ..." y escribe la lista de respuestas para completar la oración (abajo). En el segundo, escribe "El perdón ES ..." y escribe la lista de respuestas para completar la oración (abajo). Mantén ambas listas escondidas hasta que hayas explorado este tema en la discusión.

Actividad—Gráfico del perdón

¿Alguna vez has perdido a un amigo porque no se han podido perdonar? ¿Alguna amistad en tu vida fue salvada por un pedido de perdón? ¡Perdonar es difícil! Hay muchos malentendidos sobre el perdón. Hablemos primero sobre qué *no es* el perdón.

PREGUNTA DE DISCUSIÓN

*   ¿Cómo terminarías esta declaración?: "El perdón NO ES ..."?

Haz que los adolescentes vayan a la actividad de "El perdón NO ES …" de la página 102 de sus diarios. Ahora usa tu lista preparada de "El perdón NO ES …" y discute/revela las siguientes respuestas, una a la vez.

El perdón NO ES …

- Decir que la ofensa no importa y "olvidarse" de ella.
- Decir que no fuimos lastimados por lo que la persona hizo.
- Actuar como si el evento nunca hubiera sucedido.
- Una señal de debilidad.
- Depender de que el ofensor pida perdón primero o cambiar su comportamiento.
- Dejar que los que hacen algo malo eviten las consecuencias de sus acciones.
- Confiar nuevamente en una persona inmediatamente después de que nos lastimó.

El perdón no tiene que ver con olvidar. Es casi imposible perdonar las cosas malas que nos sucedieron. En cambio, el perdón es sobre "dejar ir."

PREGUNTA DE DISCUSIÓN

- ¿Qué piensas que significa "dejar ir?"

Ahora usa tu lista preparada para la discusión sobre el perdón de "Perdonar ES …" Permite que los adolescentes añadan lo que quieran al gráfico en sus libros en la página 102.

- El perdón es una elección.
- El perdón tiene que ver con dejar ir la necesidad de revancha.
- El perdón es dejar ir la necesidad de que la otra persona pida perdón.
- El perdón es dejar ir el poder que esa ofensa tiene sobre ti.
- El perdón es difícil—a veces incluso imposible por ti mismo.
- El perdón es un don de Dios y es posible con la ayuda de Dios.
- El perdón demanda tiempo.
- El perdón nos libera de la ira y la amargura.
- Perdonar a otros nos capacita para aceptar el perdón de Dios para nosotros.
- El perdón te lleva de víctima a campeón en tu historia.

Actividad—Dejar ir

Entre los adolescentes, pide dos voluntarios para esta actividad. Haz que sostengan los lados opuestos de una tira de tela (una bufanda de seda funciona también) o una soga, girándola en direcciones opuestas a fin de que la tela o soga se tense y comience a anudarse en el medio.

Explica: Cuando nos rehusamos a perdonar, el dolor, la ira y la amargura que sentimos hacia la persona que nos ofendió crecen y tienen un efecto acumulativo en nuestras mentes y cuerpos. Cuando estamos en desacuerdo con otra persona (esa persona va para un lado y nosotros vamos para el otro lado, como la acción de girar de los adolescentes sobre la tela o soga), con el tiempo, nuestra postura de no perdonar crea tensión y ansiedad, y nudos en nuestro estómago—y a veces es peor. Por todo el tiempo que permanecemos en esa postura de no perdonar, seguiremos sintiendo esa tensión.

¿Qué debe suceder para deshacernos de los nudos? *[[Haz que uno de los adolescentes suelte la tela o soga y deshaga el nudo.]* Una persona tiene que soltar su lado de la disputa, argumento o deseo de revancha.

La Biblia dice, "Queridos hermanos, no tomen venganza ustedes mismos, sino dejen que Dios sea quien castigue; porque la Escritura dice, 'A mí me corresponde hacer justicia; yo pagaré, dice el Señor'" (Romanos 12:19).). Necesitamos decidir dejar ir nuestra falta de perdón y dejar a la persona que nos ha lastimado en las manos de Dios. Dios dice que él tratará con ellos, y Dios puede administrar justicia más efectivamente de lo que nosotros podemos .

Actividad—¿Quién sufre?

Cuando una persona no perdona, se siente atada a la persona que la hirió, y eso puede dificultar mucho la vida.

Pide que dos voluntarios de igual tamaño y género se coloquen espalda con espalda. Que traben sus brazos por los codos, o pregúntales si no hay problema si los atan juntos por la cintura. Una persona toma el rol del ofensor, y la otra es la que no puede perdonar—dale el nombre de "Cris," por ejemplo. Inventa una historia sobre lo que hizo el ofensor para lastimar a la otra persona (puede ser una acusación falsa y chismear con otros sobre ello, decir cosas hirientes en los medios sociales, robar una novia o novio). Entonces, haz que la persona que no puede perdonar pretenda seguir con las actividades normales de su vida, mientras carga a la otra persona.

- Cuando Cris se levanta a la mañana, la otra persona está ahí.
- Cuando Cris desayuna, la otra persona está ahí.
- Cuando Cris va a clase o trabaja en su computadora, la otra persona sigue ahí.
- Cuando Cris sale a correr antes de la cena, la otra persona está ahí.
- Cris no puede escapar de la persona que lo hirió hasta que la perdone

Ahora "Cris" destraba los brazos o desata la soga.

Puedes añadir a esta actividad a otras personas que necesiten perdonar. Cada una de ellas debe enlazar sus brazos con el ofensor original hasta que haya cuatro o cinco personas que no hayan sido perdonadas enlazadas en una fila. Inventa una historia por cada persona que es enlazada: por ejemplo, es el hermano que rompió su juego favorito cuando eran niños; es el maestro que lo humilló; es el primo que lo traicionó. La persona ofendida tiene que arrastrar a las cuatro o cinco personas alrededor "siguiendo con su vida," y eventualmente debe perdonar a cada persona a fin de ser verdaderamente libre.

4. Enfoque bíblico—José (25 min)

La historia de José—Parte 1

El Antiguo Testamento incluye una serie de historias sobre un muchacho llamado José (Génesis 37–50). Él era el hijo onceavo de los doce hijos de su padre, Jacob—y el favorito. En cierto momento, Jacob le dio a José una túnica especial y colorida. Más adelante, José les contó a sus hermanos unos sueños que tuvo—sueños donde ellos se arrodillaban ante él. Naturalmente, sus hermanos estaban celosos. Ellos decidieron tirar a José a un pozo seco y dejarlo ahí para que muera, pero entonces, cambiaron de idea, y en cambio "solo" lo vendieron como esclavo. Cubrieron su elegante túnica con sangre de un cabrito y le dijeron a su padre que José había sido matado por un león.

Ese no fue el final de las peripecias de José. Él fue llevado a otro país, Egipto, y con el tiempo vendido a Potifar, un hombre importante en la corte del rey de Egipto. Potifar estaba impresionado con José y pronto lo puso a cargo de todas sus propiedades. Pero José era un muchacho buenmozo y, desafortunadamente, la esposa de Potifar comenzó a intentar acercarse a él. Ella trató de que José durmiera con ella. José la rechazó repetidamente y, finalmente, en un momento, ella lo agarró, y él se soltó de su mano y se fue, dejándola ahí pero con la camisa de José en su mano. Para vengarse de él, ella le dijo a su esposo que José había tratado de violarla. Potifar arrojó a José a la prisión sin posibilidad de salir bajo palabra.

PREGUNTAS DE DISCUSIÓN

1. ¿Por qué los hermanos de José lo vendieron como esclavo?
2. ¿Quién en esta historia necesita perdonar y por qué?
3. ¿Cómo crees que José se sintió en las varias etapas de esta historia?
4. ¿Te puedes relacionar a alguno de los sentimientos de José? ¿Hay gente que te haya hecho algo malo? ¿Has sido capaz de perdonarla

Historia de José—Parte 2

José estuvo en prisión por un largo tiempo. Y rápidamente, sus capacidades de liderazgo fueron notadas, por lo que fue puesto a cargo de los otros prisioneros. Pero, ¿puedes imaginarte cómo se sentía José pudriéndose en una prisión egipcia después de haber sido acusado falsamente?

Su propia familia lo había vendido como esclavo y ahora estaba injustamente encarcelado sin esperanzas de ser liberado. Pero José tenía un don especial—con la ayuda de Dios, él podía interpretar sueños con exactitud. Él interpretó los sueños de otros presos, y uno de ellos había sido el mayordomo del rey.

Un día, el rey mismo tuvo un sueño perturbador que nadie podía explicar. Entonces, el mayordomo, que ya había sido liberado de la cárcel, se acordó de que José podía interpretar sueños y le contó al rey de él. José fue sacado de prisión, e interpretó el sueño del rey, que era que habría siete años de abundancia seguidos de siete años de sequía y hambruna.

Entonces, José le aconsejó al rey sabiamente respecto a cómo prepararse para esos malos años, y el rey lo puso en la posición de segundo en comando para todo el país de Egipto. Bajo su liderazgo, Egipto almacenó tanto alimento durante los años de abundancia que ellos tuvieron comida para todo el país durante los años de sequía. ¡Eso fue brillante!

La sequía afectó a toda la región, incluyendo la tierra donde la familia de José todavía vivía. Desesperados por comida, diez de sus hermanos fueron a Egipto a comprar granos—¡de quién más sino de José! Pero no lo reconocieron. Por el contrario, José reconoció a sus hermanos. Él decidió probarlos para ver si habían cambiado sus caminos malvados. Secretamente, él escondió el dinero de ellos y algunos valores en el grano que compraron, pero los obligó a que dejaran a un hermano en custodia y que también trajeran al menor, Benjamín, con ellos la siguiente vez que vinieran a comprar granos.

Su padre no permitió que Benjamín fuera llevado (Benjamín y José eran los únicos dos hijos de la esposa favorita de Jacob, quien había muerto), pero la necesidad de comida finalmente forzó su mano. En Egipto, José probó a sus hermanos otra vez, poniendo en peligro a Benjamín, pero esta vez el hermano mayor se negó a traicionarlo.

Miremos la historia en Génesis 45, cuando José finalmente se revela a sus hermanos.

Lee Génesis 45:1–9

Algunos años más tarde, el padre de José, Jacob, murió a la edad de 147 años. Ahora escuchemos el final de la historia.

Lee Génesis 50:15–21

PREGUNTAS DE DISCUSIÓN

1. ¿Cómo reaccionó José ante todo lo que le pasó?
2. ¿Tú podrías haber perdonado si hubieras estado en el lugar de José?
3. ¿Cómo usó Dios las cosas malas que le sucedieron a José para bien?

---

5. Un camino del perdón (30 min)

El camino hacia el perdón no es una línea recta. El perdón no sucede todo al mismo tiempo. Comenzamos a perdonar, pero a veces repensamos el tema cuando recordamos la herida de la ofensa. Entonces, perdonamos un poco más.

Elige una de las dos actividades siguientes. Ambas pueden requerir de papel, bolígrafos y una canasta.

Actividad—Caminar el laberinto

Como este es un tiempo tranquilo y de meditación, pon algo de música suave hasta que todos los adolescentes hayan tenido la oportunidad de caminar o trazar el laberinto.

Opción del diario: Haz que los adolescentes usen sus dedos para trazar el dibujo del laberinto en sus diarios.

Opción de caminar: Para un ejercicio más activo, encuentra o prepara un simple laberinto antes de la sesión. Usa cinta masking para crear tu propio laberinto sobre el piso, o usa rocas para crear un laberinto fuera, o ve a una iglesia o jardín que tengan un laberinto. Dale a cada adolescente un trozo de papel. Pídeles que escriban sus nombres o los nombres de quienes necesitan perdonar. Ellos deben cargar esos papeles a medida que caminan por el laberinto. En el centro del laberinto, ubica una canasta o una caja donde poner los papeles.

Di: Vayan a la página 103 en sus diarios. Esta ilustración es llamada laberinto. Muchas catedrales construidas en tiempos medievales tienen un modelo de laberinto en el piso. La gente va para seguir el modelo en el piso y meditar, orar o contemplar importantes cosas en su vida. El laberinto en tu diario está adaptado de uno que está en una catedral en Chartres, una ciudad al sudoeste de París, Francia.

Un laberinto es una gran manera de ilustrar el camino del perdón. Avanzamos yendo hacia arriba y abajo, adelante y atrás, tratando de llegar al perdón verdadero y completo. Gradualmente, a su tiempo, llegamos ahí.

El camino del perdón comienza cuando alguien ha sido herido o perjudicado. Cuanto mayor sea el dolor de la ofensa, más tiempo llevará este camino. Este ejercicio también puede ser útil si tú eres el ofensor y necesitas llegar al sitio donde perdonarte a ti mismo, o de pedir perdón a otra persona.

¿Cómo puedes llegar a un lugar donde puedas perdonar (o ser perdonado)? Sigue estos pasos para usar el laberinto a fin de ayudarte a encontrar tu propio camino del perdón.

Antes de comenzar, guarda silencio y pídele a Jesús que camine o siga el laberinto contigo y te ayude a perdonar. Emplea unos momentos enfocándote en el poder de Dios y en tu apertura para recibir su ayuda en este camino.

Temas de conversación:

- Si estás usando tu diario, escribe el nombre o las iniciales de alguien que necesitas perdonar, en algún lugar del laberinto en la siguiente página.

Si estás caminando un laberinto, escribe el nombre o las iniciales en un pedazo de papel.

- A medida que caminas en el laberinto o trazas las líneas en tu diario, piensa sobre la ofensa y la persona que estás tratando de perdonar. Piensa sobre los sentimientos de ira, amargura y dolor que has estado soportando debido a la ofensa. Piensa sobre cómo se sentiría ser libre de esos sentimientos.
- Dile a Dios sobre estos sentimientos. Dile que necesitas su ayuda para dejarlos ir.
- Pídele a Dios que te ayude a dejar ir la necesidad de revancha. Dile a Dios que confiarás en él para lidiar con el ofensor y en que se encargará del mal que te lastimó.
- Acepta la ayuda de Dios para dejar ir el poder que esa ofensa tiene sobre ti.
- ¡Permanece enfocado! Si tu mente divaga, detente por un momento y suavemente pon tu atención nuevamente donde debe estar.
- A menudo, el centro del laberinto toma la forma de una cruz. Cuando alcanzas el centro del laberinto, pon el papel en la canasta o, en tu diario, haz una pausa con tu dedo en el centro del laberinto. Considera cómo se siente "ir a la cruz" y dejarlo ir. Di (para ti mismo o en voz alta), "Con la ayuda de Dios, trabajaré para ir hacia el lugar donde perdonarte, _____."
- Imagínate bajando un gran peso que has estado cargando, y dejarlo ahí.
- Agradece a Dios por su ayuda. En tu diario, dibuja un pequeño corazón, cruz u otro símbolo en el centro del laberinto. Si estás caminando por un laberinto, sigue a tu líder hacia afuera con los otros adolescentes y quema los papeles.

Recuerda a los adolescentes que pueden usar el laberinto en sus diarios para repetir este proceso tantas veces como sean necesarias para ayudarlos a llegar al lugar del perdón completo por esta ofensa o para perdonar múltiples ofensas de diferentes personas.

Actividad—El camino del perdón

Antes de esta sección, prepara un cuarto con cinco "estaciones," similar a las Estaciones de la Cruz usadas en muchas iglesias. Para cada estación, haz una señal numerada con una imagen e instrucciones y pégala sobre la pared. Prepara papel y bolígrafo en la Estación 1 y un papelero en la Estación 4. Los adolescentes deben caminar a cada una de las cinco estaciones y seguir las instrucciones, empleando unos pocos minutos en cada estación. Reproduce música suave y de meditación cuando los adolescentes recorran en camino del perdón.

Estación 1: ESCRÍBELO *(imagen de papel y bolígrafo)*

- Escribe el nombre (o nombres) de la persona que necesitas perdonar. Escribe un corto relato de por qué necesitas perdonar a esta persona.

Estación 2: PIDE LA AYUDA DE DIOS *(imagen de manos orando)*

- Pídele a Dios que esté contigo en este camino del perdón. Agradécele a Dios por perdonar tus pecados. Pídele a Dios que te ayude a perdonar a otros así como él te perdonó a ti. Dios conoce tu corazón y sabe que el perdón es un proceso difícil.

Estación 3: DÉJALO IR *(imagen de unas manos abiertas con las palmas hacia arriba)*

- Pídele a Dios que te ayude a dejar ir esta ofensa y tu necesidad de venganza, así como la amargura y la ira hacia quienes te han ofendido y lastimado. Dios puede ayudarte para que tu corazón se libere de esta carga.

Estación 4: ENTRÉGASELO A DIOS *(imagen de una cruz)*

- Cuando estés listo, rompe el papel en pequeños trozos y arrójalos a la canasta. Cuando lo hagas, di: "Con la ayuda de Dios, trabajaré para perdonarte [nombre de la persona], por cómo me lastimaste".

Estación 5: DESCANSA EN EL AMOR DE DIOS *(imagen de un corazón)*

- Emplea unos pocos minutos en silenciosa meditación sobre el gran amor de Dios por ti y permite que el Espíritu Santo ministre sanación para tu corazón.

---

6. Pregunta en el diario (5 min)

¿Qué cosa nueva has aprendido sobre el proceso para perdonar?

SESIÓN 10. ¿CÓMO SIGO AVANZANDO?

Suministros necesarios:

- Una hoja de papel de impresora
- Cinta masking
- Una venda para cada participante

Al finalizar esta sesión, los adolescentes deberían entender:

- Cómo amarse, perdonarse y tranquilizarse
- La importancia de encontrar relaciones confiables
- El valor de las amistades
- Cómo identificar una red de apoyo para la sanación en proceso y una vida sana

1. Rompehielos—¡Ayuda! (5 min)

Asigna a cada adolescente un número. Los adolescentes se mueven alrededor de la habitación en direcciones al azar. Entonces, el facilitador grita uno de los números que fueron asignados. La persona que tiene ese número grita por ayuda y comienza a caer al piso. Todos los otros jugadores buscan para ver quién necesita ayuda de manera rápida, y tratan de agarrar a los que están cayendo antes de que lleguen al piso. Todos ayudan a levantar al que ha caído.

PREGUNTAS DE DISCUSIÓN

1. ¿Cómo te sentiste cuando escuchaste tu número y sabías que tenías que caer?
2. ¿Alguien llegó al piso antes de que otro pudiera sostenerlo? ¿Cómo podría haber sido diferente?
3. ¿Conoces a alguien a quien puedas llamar cuando necesitas ayuda en tu vida?

Conclusión del rompehielos: Una cosa que hace que las cosas traumáticas sean más difíciles es cuando tratamos de enfrentarlas solos. Quizá, cuando atravesaste ese tipo de experiencias ha sido útil compartir tu historia con alguien más. Así como Tony y Violeta descubrieron cuán útil fue compartir su historia, quizá tú también has experimentado cómo se pueden ayudar los amigos entre sí.

Juntos, en esta última sesión, vamos a enfocarnos en maneras saludables por las que puedas avanzar en tu viaje, a medida que continúas aprendiendo a cómo vivir contigo mismo y con otros y desarrollar hábitos físicos, emocionales y espirituales sanos.

2. Historia—"Remendado" (20 min)

La siguiente semana fue borrosa para Tony. Trató de volver a la escuela, pero fue difícil. Estaba tan distraído por sus pensamientos que llenaban su mente que era realmente difícil concentrarse. Su atención estaba permanentemente a la deriva en sus clases. Por otro lado, pensaba, al menos la gente estaba tratando de mostrarle que se preocupaba por él—más gente trataba de cruzar la vista con él y sonreírle en el pasillo. La escuela tuvo una reunión conmemorativa por Raymond. Docenas de muchachos se presentaron para mostrar sus respetos, y le pidieron a Tony que dijera unas palabras sobre Ray. La semana terminó con un funeral de viernes a la noche en la iglesia de la abuela Rosa. Después del servicio, la abuela Rosa le preguntó a Tony qué pensaría sobre ir a la iglesia con ella el domingo. Tony decidió hacer la prueba.

Tony se sorprendió al ver varias personas de la escuela en la iglesia de la abuela Rosa el domingo, incluyendo a tres muchachos del equipo de baloncesto JV. Se sintió fuera de lugar hasta que uno de los muchachos vino y se sentó a su lado. Después de la reunión, ellos pasaron un tiempo juntos en la vereda, y el muchacho lo invitó al grupo de jóvenes el miércoles. Tony estaba un poco sorprendido al ver que podía reír y hacer bromas con ellos. Por primera vez, Tony sintió un pequeño destello de esperanza junto a su tristeza por Ray.

Violeta se despertó cansada el domingo. Los eventos de la semana, más tratar de ser buena amiga de Jade y Tony, la habían agotado. Pero al pensar en la semana cuando se estaba vistiendo, se dio cuenta de que se sintió mucho menos estresada después de aquella primera charla con el entrenador y luego de esa conversación sobre el perdón. Ella incluso había pensado sobre hablar con el consejero de la escuela sobre su batalla con cortarse, para ver si eso podría ayudarla.

El entrenador la había invitado nuevamente a su iglesia y ella decidió ir otra vez con Jade. Mientras iba allí, Violeta le dijo a Jade sobre ver a un consejero en la escuela. Ella se dio cuenta que Jade todavía estaba muy perturbada sobre su situación y se acercó a ella para darle un abrazo. Se sentía feliz por tener una familia con la cual estar. Quizá podría hacer nuevos amigos entre la gente de la iglesia.

Cuando terminó la reunión, la abuela Rosa y Tony fueron a la casa. "¿Qué te parece si pedimos pizza?" preguntó la abuela Rosa cuando ella y Tony entraron a la casa. "Creo que todavía tenemos algunas galletas también." Jacqueline entró a la sala de estar donde Darrel estaba jugando con unos videojuegos. Tony miró alrededor. Estaba feliz por tener una familia con la que estar cuando llegaba a la casa.

Darrell había estado preocupado sobre Tony desde que él golpeó la pared de su cuarto, por lo tanto, Jacqueline y Tony se pusieron a trabajar para arreglarla esa tarde. Cuando trabajaban lado a lado, Tony le habló a su mamá sobre todo lo que le había sucedido en la semana y que él incluso había tratado de hablarle a Dios sobre el dolor en su corazón.

"¿Qué crees que debes hacer ahora?" preguntó Jacqueline.

Tony pensó por un momento antes de responder. La mayoría de las cosas no habían cambiado: él todavía vivía en un pequeño departamento con muchas personas, su papá seguía en la cárcel, Ray seguía muerto y Ben todavía seguía en el sillón. Pero comenzaba a sentirse diferente por dentro.

"Muchas cosas todavía eran un desastre, pero estoy comenzando a ver algunas cosas que no había notado antes," respondió.

Rosa entró al cuarto de Tony con su sudadera en la mano. Cuando entraba, ella había escuchado lo que Tony dijo. Le pasó la sudadera ya cosida. Tony permaneció callado por un momento.

"Gracias por arreglar mi sudadera, abuela," le dijo. Y le dio un abrazo. "Odio lo que pasó. Pero al mirar esto también me recuerda que al menos soy amado y no estoy solo."

PREGUNTAS DE DISCUSIÓN

1. ¿Qué pasos había tomado Violeta para sentirse mejor?
2. ¿Por qué Tony sentía más paz?
3. Piensa sobre toda esta historia. ¿Con qué personaje te identificas más? ¿Por qué?

---

3. Aprender a amarse a uno mismo (15 min)

Temas de conversación:

- A veces, la gente que ha sobrevivido a muchas cosas malas tienden a culparse por lo que les sucedió. Terminan no gustándose a sí mismas.
- Para nuestros cerebros, es normal enviarnos mensajes negativos sobre nosotros mismos, una corriente constante de autocrítica. Esos mensajes son mentiras, pero a menudo caemos en ellos. Las mentiras comunes incluyen "No soy atractivo." "Soy estúpido." "Nadie puede amarme." "Soy un fracaso."
- Esos mensajes negativos pueden ser quebrados por la verdad.
- La verdad se encuentra en lo que Dios dice sobre lo que somos. Recuerda a los adolescentes sobre los versículos bíblicos que hablan sobre cómo siente Dios sobre nosotros; fuimos hechos con amor, preocupación y de manera maravillosa. Y fuimos escritos en la palma de su mano.
- Podemos sostenernos unos a otros al darnos palabras de aliento unos a otros. Eso es como sostener un preciso "espejo de la verdad" unos a otros.
- Necesitamos recordar las buenas cosas que otra gente sabe sobre nosotros.

Actividad—Palabras de aliento

Para esta actividad, usa cinta masking para sujetar un trozo de papel en la espalda de cada adolescente. Haz que los adolescentes circulen entre el grupo y escriban cosas alentadoras sobre la persona en su papel. Continúen hasta que todos los adolescentes hayan escrito algo para cada uno de los otros adolescentes. Quizá quieras dar algunos ejemplos de palabra de aliento que pueden ser usadas.

Sugiere que cada adolescente guarde los papeles en su cuarto donde puedan ser vistos como un recordatorio y un aliento. Escribe las palabras de aliento de la actividad: "Qué ves en mí" en la página 110 de sus diarios.

---

4. Aprender a perdonarse a uno mismo (10 min)

Temas de conversación:

- Junto a las cosas negativas que creemos sobre nosotros mismos, a veces tenemos problemas para perdonarnos a nosotros mismos.
- Esto es parte del "círculo de la vergüenza": Cuando cometemos un error, no solo nos sentimos culpables, sino que nos sentimos inservibles, que es vergonzoso. El sentimiento de no valer nada nos lleva a cometer más errores o al mal comportamiento, que a la vez nos conduce a más vergüenza. Esto refuerza la mentira de que somos "malos."
- A medida que aprendemos a perdonar a otros, necesitamos aprender a perdonarnos a nosotros mismos también.
- Para perdonarnos a nosotros mismos, primero debemos comprender que Dios nos ama *sin que importe lo que hayamos hecho.* Esto es llamado *amor incondicional* que se nos otorga por lo que Dios es, por la gracia de Dios—no porque lo merezcamos. ¡Parece demasiado bueno para que sea verdad! Su perdón siempre está disponible para nosotros.

Lee Salmo 103:8–14.

- Si Dios recuerda que eres humano ("hecho desde el polvo") y sin embargo te ama incondicionalmente y te perdona todos los pecados que has cometido, entonces puedes hacer lo mismo contigo mismo. ¡Date un respiro!
- Camina o traza un laberinto otra vez. Esta vez pon tu propio nombre como el que necesita ser perdonado. Recuerda lo que es el perdón

verdadero—¡dejar ir la necesidad de castigarte a ti mismo por las conductas pasadas! Di, :Jesús, ¡ayúdame a perdonarme a mí mismo como tú me has perdonado!" a medida que caminas el laberinto con Jesús a tu lado.

5. Aprender a tranquilizarme (20 min)

Cuando nos hemos sentido preocupados o estresados por un largo tiempo, necesitamos desarrollar las habilidades emocionales saludables que ayuden a nuestros cuerpos y mentes a tranquilizarnos.

A. Ejercicio del lugar seguro

Este es un ejercicio que puede ayudarnos a tranquilizarnos cuando demasiadas cosas malas están sucediendo al mismo tiempo. Nos ayuda a poner las cosas a un costado hasta que podamos ser capaces de manejarlas.

Con voz lenta y suave, lee lo siguiente al grupo:

Comienza poniéndote cómodo en un lugar tranquilo donde no serás molestado. Cierra tus ojos, si te sientes cómodo haciéndolo; de lo contrario, enfócate en un punto en el piso al frente de ti. Ahora respira profundamente unas pocas veces. Inhala y exhala. Inhala… Exhala. Imagina un lugar donde puedas sentirte tranquilo, en paz y seguro. Puede ser un lugar en el que estuviste antes, algún lugar con el que sueñas visitar, algún lugar del que tengas una fotografía, o simplemente un lugar seguro que puedas imaginar. Mira alrededor de ti en ese lugar. ¿Qué ves? Nota los colores y las formas. Observa cualquier movimiento. Nota los sonidos que te rodean, o quizá la falta de sonidos. ¿Qué hueles? ¿Puedes saborear algo? Ahora enfócate en cómo sientes. ¿Puedes sentir debajo de ti la tierra o lo que sea que te sostenga en ese lugar? ¿Cuál es la temperatura? ¿Hay algún movimiento del aire, algo que puedas tocar?

Ahora imagina a Jesús caminando lentamente para reunirse contigo en tu lugar seguro. ¿Qué tipo de expresión tiene? ¿Puedes ver el amor en sus ojos?

Ahora solo goza la presencia de Jesús en tu lugar seguro y tranquilo. Respira profundamente algunas veces más. Inhala… Exhala. Inhala… Exhala. Abre tus ojos cuando estés listo.

B. Ejercicio del recipiente

Con voz lenta y suave, lee lo siguiente al grupo:

Cierra tus ojos. Si te sientes cómodo haciéndolo; de lo contrario, enfócate en un punto en el piso al frente de ti. Ahora respira profundamente unas pocas veces. Inhala y exhala. Inhala… Exhala. Quiero que imagines un recipiente de alguna clase que pueda ser usado para almacenar cosas dolorosas en las que quisieras dejar de pensar. Debe ser suficientemente grande como para que entre todo lo que quieras que entre, tiene que tener una tapa o puerta que pueda ser cerrada. Es tu imaginación, por lo tanto, puede ser un recipiente que hayas visto o algo que inventes con tu mente.

Piensa en algo que represente lo que te está preocupando, lo que sea en lo que quieras dejar de pensar por un momento. Puede ser una foto, una forma, color u objeto que represente esa cosa dolorosa. Ahora imagínate abriendo el recipiente, poniendo esa cosa dentro, cerrando la tapa o puerta y encerrándola seguramente dentro. Tanto el recipiente como la llave necesitan estar en algún lugar al que tengas acceso cuando sea el tiempo correcto para trabajar en esas memorias dolorosas. Pero no tienes que tener la llave ahora.

A veces se necesita poner las cosas en el recipiente por un tiempo, pero recuerda: ¡No las dejes en el recipiente para siempre!

Temas de conversación:

- Recuerda a los adolescentes que hagan este ejercicio por sí solos cuando se sientan abrumados por demasiadas cosas malas que le sucedan al mismo tiempo. Ellos siempre pueden invitar a Jesús a su experiencia.
- Dales permiso a los adolescentes para la creatividad al imaginar el recipiente para almacenar sus cosas dolorosas. Debe ser suficientemente grande como para que entre todo lo que quieran guardar, y necesita tener una tapa o puerta que pueda ser cerrada. Puede ser un cofre, un cubo de plástico, una habitación o un edificio. Una persona quería usar toda la luna para dejar ahí todas sus cargas.
- La llave o cerradura necesita estar accesible en su imagen mental a fin de que cuando sea el tiempo correcto ellos puedan volver al recipiente para trabajar dentro—o poner algo dentro.

Como garantía suplementaria, pueden dibujar su recipiente en la página 112 de sus diarios como recordatorio. Los que sean más literales pueden querer hacer o buscar un recipiente real en su casa y escribir cosas que necesitan guardar en él.

PREGUNTAS DE DISCUSIÓN

1. ¿Puede alguien compartir dónde se imaginó el lugar seguro?
2. ¿Por qué sería útil este ejercicio a pesar de que estás recordando experiencias traumáticas?

C. Haz algo más activo

Para mucha gente, hacer algo más activo los ayuda a liberar la tensión causada por el estrés. Revisa algunas ideas en la página 113 de tu diario para ver algunos ejercicios, voluntariado y otras maneras de cuidarte a ti mismo.

6. Permanecer conectado (25 min)

La base de toda relación es la confianza. Necesitamos poder conocer en quién confiar a fin de encontrar y sostener relaciones seguras. Aquí hay dos actividades que nos ayudarán a pensar sobre la confianza.

A. El círculo de la confianza

Haz que el grupo se pare en un círculo, enfrentando el centro y tocándose con sus hombros. Haz que todos giren hacia la derecha 90 grados, mirando la espalda de la persona al frente de ellos. Haz que pongan sus manos sobre los hombros de la persona en frente de ellos. A la cuenta de tres, todos deben comenzar a sentarse lentamente sobre las rodillas de la persona detrás de ellos. Alienta a todos que lo hagan lentamente a fin de que el grupo pueda sostenerse a sí mismo. Ahora haz que todos se paren juntos.

Es importante que todos trabajen juntos para sostenerse entre sí. Para que el ejercicio sea más desafiante, una vez que todos están sentados en el círculo puedes hacer que todos levanten sus manos. Para hacerlo más aventurero, haz que todos en el círculo caminen en su posición de sentados, un paso a la vez.

B. Caminata de la confianza

Pregunta si alguien objeta fuertemente el que le venden los ojos. Véndales los ojos a los que te dieron permiso de hacerlo, y ponlos en una fila uno después de otro con sus manos en los hombros del adolescente en frente de ellos. Asegúrales que nadie saldrá herido y que pueden confiar en ti. Un facilitador lidera la fila y le da indicaciones a la primera persona en la fila (izquierda, derecha, arriba, abajo, y así sucesivamente). El otro facilitador camina de un lado a otro de la fila para ver que nadie salga herido. Lleva la fila alrededor y sobre algunos obstáculos pequeños sin que estén en peligro de lastimarse. Después de un rato, detén la marcha y remueve la venda de sus ojos.

PREGUNTAS DE DISCUSIÓN

1. ¿Cuál fue la parte más difícil de este círculo de la confianza?
2. ¿Cómo te sentiste al caminar con los ojos vendados?
3. ¿Cómo sabías que podías confiar en la voz de tu facilitador?

Usa esta oportunidad para hablar sobre cómo escogen ellos en quién confiar y a cuya voz escuchan. Algunas de las voces en sus vidas son los medios sociales, la música, las películas, los compañeros, los adultos (buenos y malos). Discute el elegir sabiamente.

C. Desarrollar una red de apoyo

En este viaje, hemos aprendido la importancia de contar nuestras historias a la gente en quien podemos confiar. A menudo, los eventos traumáticos son más difíciles porque sufrimos a solas. **Una de las cosas más importante para llevarse de esta experiencia es que nunca estás solo.** En sus últimas palabras sobre la tierra, Jesús dijo, "Yo estaré con ustedes todos los días, hasta el fin del mundo" Mateo 28:20b). Siempre podemos ir a él con nuestras heridas, dolores y cargas.

También es importante tener buenas relaciones y redes de apoyo con la gente alrededor de nosotros. Somos creados para estar conectados—ya sea con mentores, con alguien mayor o más experimentados como Noemí, en la historia de Rut, o con amigos cercanos de nuestra propia edad como en la historia de Daniel. Identificar y desarrollar un grupo de gente en la que puedas confiar es importante para tu sanación en proceso y para tu capacidad para enfrentar lo que venga a tu vida. Podemos llamar a ese grupo o equipo nuestra "red de apoyo."

Actividad del diario—Mi red de apoyo

Mira la página 114 de tu diario. Sigue esos pasos para identificar una red de apoyo saludable.

- ¿Qué necesitas de una red de apoyo? Escribe una lista de tus necesidades en el gráfico. Puede ser que necesites apoyo en categorías que incluyan consuelo, aliento, consejo sabio y perspectiva de vida, ayuda para tomar decisiones, protección física o emocional, amistad y diversión. ¿Hay otras categorías?
- Escribe los nombres de las personas importantes en tu vida, tanto adultos como adolescentes, en las que puedas confiar. Refiérete al blanco de los límites de la página 72 de tu diario.
- Escribe los nombres de las personas que tienen el potencial de ser amigos o mentores que te gustaría conocer. ¿Tienes planes de comenzar o desarrollar esas relaciones? Esas personas pueden ser adultas o de tu edad. Habla sobre la importancia de tener adultos en sus vidas en los que puedan confiar.
- Identifica a la gente que probablemente llene las necesidades que identificaste como parte de tu red de apoyo, gente que puede ayudarte a continuar tu viaje de sanación emocional.
- ¿Hay necesidades que no puedes satisfacer a través de tus relaciones actuales? ¿Cómo podrías encontrar otra gente para tu red de apoyo?
- ¿Hay alguien que conozcas para quien tú puedes ser de apoyo?

---

7. Enfoque bíblico—Amistad (20 min)

A. Historia 1—Rut y Noemí

Noemí fue una israelita que salió de su país natal con su esposo y sus dos hijos debido a una sequía y hambruna. Fueron a Moab, un país cercano que a menudo estaba en conflicto con Israel. Allí, hicieron de esa tierra su hogar. Los dos hijos de Noemí se casaron con mujeres moabitas, cuyos nombres eran Rut y Orfá. Entonces, la tragedia golpeó de nuevo a Noemí cuando su esposo y sus dos hijos murieron, dejando viudas a las tres mujeres. Noemí era anciana y estaba lejos de su casa, por lo tanto, decidió volver a Israel y tratar de arreglárselas allí. Pero Rut y Orfá eran mujeres jóvenes. Ellas podían recasarse o encontrar una familia en Moab que las cuide—eso fue lo que hizo Orfá. Pero Rut decidió ir a Israel con Noemí—lejos de su tierra natal y de su pueblo. Aunque ellas eran de edades diferentes, Rut fue leal a Noemí y ambas decidieron estar juntas y cuidarse una a la otra.

Lee Rut 1:14–22.

PREGUNTAS DE DISCUSIÓN

1. ¿Qué sobresale en esta historia para ti?
2. ¿Por qué crees que Rut fue leal a Noemí?
3. ¿Hay alguna persona mayor que tú a quien admires?

B. Historia 2—Daniel y sus amigos

Lee o resume Daniel 1:1–20.

La historia de Daniel comienza cuando la nación de Israel fue tomada por los babilonios más de quinientos años antes de que Jesús naciera. Muchos de los hombres jóvenes de Israel fueron llevados cautivos por el rey Nabucodonosor, quien los obligó a servir en su corte. Daniel fue uno de ese grupo, y él y sus amigos fueron llevados a un país extraño y fueron entrenados para ser hombres educados de la sociedad babilónica. En realidad, ellos fueron a estudiar por tres años, con todos los gastos pagos, a la escuela especial del rey.

Daniel tenía tres amigos con quienes se juntaba para alentarse, apoyarse y ayudarse para mantenerse fieles a lo que ellos creían que era lo correcto. Vivían en una tierra extraña donde todos hablaban una lengua extraña y tenían extrañas costumbres. Como parte de su entrenamiento, recibían comida y bebida que Daniel sabía que no eran saludables para ellos, y solicitó que les permitieran seguir una dieta diferente. El oficial en jefe le dijo a Daniel que temía que si ellos no comían la comida que el rey enviaba, ellos no lucirían saludables y el rey pediría la cabeza del oficial (literalmente).

Pero Daniel era suficientemente valiente como para desafiar al oficial. Le pidió que los probara, permitiéndoles que siguieran su dieta preferida por diez días y viera si ellos no estaban más saludables que otros adolescentes. Y los resultados fueron buenos: ellos lucían y sonaban más saludables y fuertes que los otros muchachos, y el jefe les permitió elegir su propia comida después de eso.

Daniel fue capaz de hacer cosas sorprendentes durante el tiempo de su cautividad, y continuó defendiendo lo que creía, que fue mucho más fácil debido a la relación que tenía con sus amigos.

PREGUNTAS DE DISCUSIÓN

1. ¿Por qué crees que Daniel pudo hacerle frente al oficial del rey?
2. ¿Cuál crees que fue la parte más difícil para Daniel?
3. ¿Cómo ayudó el hecho de tener amigos?
4. ¿Por qué es más fácil atravesar tiempos difíciles con amigos? ¿Puedes compartir una experiencia como esta?

8. Pregunta del diario (5 min)

¿Qué harás para continuar tu viaje de sanación?

9. Despedida

Este grupo ha trabajado para completar este viaje. Toma tiempo para reconocer lo que ha sido logrado a través del material del curso. Si es solo un grupo pequeño, deja que cada uno comparta algo que haya aprendido o con lo que fue desafiado durante las diez sesiones.

Considera dar a los adolescentes un certificado y un pequeño regalo como un símbolo de haber terminado. El regalo puede ser algo simple, como darle a cada participante un chocolate y una explicación de por qué estaban recibiéndolo (Snickers por tener siempre una sonrisa, Skittles por ser creativos y coloridos en sus diarios, y así sucesivamente), o algo más serio como un libro devocional o una tarjeta de regalo.

Habla con los adolescentes sobre si ellos seguirán en contacto entre sí. Quizá puedas planear una reunión en unos pocos meses. También usa el tiempo para despedirte bien y conmemorar el hecho de que han hecho juntos el viaje.

Terminen ese tiempo orando unos por otros y ofreciendo una bendición a cada uno antes de que se vayan.

10. Ceremonia de cierre

Si el programa de adolescentes fue parte del Campamento del Club sanando corazones para niños, comparte la ceremonia de cierre con otros grupos.

APÉNDICES

---

1. Suministros para grupos pequeños

Las cantidades están calculadas para grupos de 8 a 10 participantes. Reduce los costos usando materiales que ya tengas.

- 1 bloc grande de papel de rotafolio
- 1 resma de papel blanco de impresora (tamaño A4 o 8.5×11 pulgadas)
- 20 hojas de papel diario blanco (tamaño A3 o 11×17 pulgadas)
- 50 fichas de colores (tamaño A7 o 3×5 pulgadas)
- 20 fichas de colores—de diferentes colores
- 100 pies de papel (papel de estraza o papel prensa)
- 1 bloc de notas adhesivas
- 1 rollo de cinta masking
- 1 juego de marcadores de secado rápido
- 3 juegos de marcadores de colores
- 2 juegos de lápices de colores
- 2 juegos de pinturas de acuarelas
- 2 o 3 pinceles pequeños
- 1 fuente desechable de aluminio
- 10 vendas (usa pañuelos o vendas cortadas de una pieza larga de tejido de punto elástico)
- 1 soga de cuatro pies de largo
- 2 espejos pequeños
- 1 balde de cinco galones
- 1 cruz de madera (aproximadamente de 30×20 centímetros o 12×10 pulgadas, construida con reglas, tablones, tiras alisadas, o algo similar)
- 1 canasta pequeña
- 1 frasco pequeño de jalea de petróleo/vaselina
- 1 encendedor/caja de fósforos
- Biblias para que usen los adolescentes
- Biblias para el facilitador (la traducción preferida del facilitador más *Dios habla hoy*)

2. Dirigir un pequeño grupo o retiro de adolescentes

Consejos para dirigir un pequeño grupo de adolescentes

El corazón de este programa está en lo que sucede en la vivencia de un grupo pequeño, pero puede ser un desafío. Significa reunir un grupo a adolescentes con traumas, que han aprendido a nunca confiar o ser vulnerables, ¡con personas extrañas en quienes deberían confiar y compartir su historia con ellos! La parte más difícil es hacer que los adolescentes callados se abran y que los habladores aprendan a escuchar —todo eso sin ser un líder facilitador dominante o hacer que se sientan como niños, independientemente de su comportamiento. Ser un facilitador efectivo implica un delicado equilibrio de compasión, humor, vulnerabilidad y apoyo.

Aquí hay algunas habilidades prácticas para dirigir un grupo de sanación de adolescentes:

+ **¡Diviértanse!** Hay muchas cosas sobre *La vida duele, El amor sana* que son profundas, difíciles y susceptibles. Es muy importante equilibrar eso con la risa y la diversión. Contar chistes, mirar vídeos en YouTube, jugar, y cosas similares puede unir al grupo y construir confianza y comunidad. Permite que los adolescentes tomen un descanso de un lugar tenebroso, recuperen su respiración y se afiancen en el presente.

+ **Escucha con atención.** Usa tanto la comunicación verbal como la no verbal para hacer que los adolescentes sepan que estás interesado en ellos y que te preocupas por sus historias. A menudo, los adolescentes prueban a los adultos compartiendo información menos importante y diciendo cosas provocativas para ver cómo reaccionarán. Esa es una forma de evaluar con quién es seguro hablar antes de arriesgarse a compartir cosas más importantes.

+ **Haz las preguntas correctas.** Usa tanto preguntas abiertas como cerradas. Una pregunta abierta es aquella que no se puede responder con un sí o con un no; por ejemplo: "¿Qué piensas de la historia?" o "¿Cómo te sientes ahora?". Las preguntas cerradas pueden usarse especialmente en momentos emocionales, como una manera de comunicar al adolescente que comprendes dónde están. Por ejemplo, si un adolescente está realmente conmovido por una historia y en un lugar emocional, una buena pregunta cerrada podría ser: "¿Te sientes afectado ahora?".

+ **Maneja tus respuestas.**
  - **Negatividad:** Los adolescentes que han tenido vidas difíciles, traumatizadas, pueden ser muy negativos y reacios a participar en el grupo. Las respuestas negativas, como sentarse de manera displicente, cruzarse de brazos, no participar, burlarse de otros, murmurar, imprecar y retraerse son comunes. Los facilitadores deben seguir invitándolos sin hacer nada que los avergüence, y el

comportamiento debe ser ignorado a menos que se convierta en algo disruptivo para todo el grupo. Muéstreles que no están obligados a participar en las actividades. Si el comportamiento llega a ser tan disruptivo que todo el grupo es afectado, ten una conversación privada con los adolescentes donde les asegures que quieres que sean parte del grupo, pero no puedes permitir que se les falte el respeto a los otros adolescentes por un constante comportamiento disruptivo. Pregúntale al adolescente si quiere permanecer en el grupo; si no quiere, es posible que el adolescente se beneficie con consejería personal con un profesional de salud mental.

- **Preguntas extrañas o difíciles:** Está bien que los adultos no tengan todas las respuestas; en realidad, que un adulto diga: "No sé" o "Averigüémoslo juntos" crea vínculos. En otras ocasiones, las preguntas pueden distraer y descarrilar la discusión de un grupo. Es sabio validar toda respuesta, porque es bueno que los adolescentes participen, pero entonces, de manera casual, volver la discusión al tema. A veces, puede ser apropiado decir: "Es una gran pregunta, me alegra que la hayas hecho, pero hablemos de eso durante el recreo". También, crea un lugar especial en el rotafolio o el pizarrón para escribir cosas para hablar más tarde.

- **Comportamiento inapropiado:** Como con la negatividad, lo mejor es no darle demasiada importancia, y en su lugar, decir: "Eso no es apropiado", o hablarlo en un lugar privado durante el recreo. Enfócate en las reglas básicas en las que el grupo estuvo de acuerdo y básate en ellas.

✚ **Concéntrate en la tarea.** Todos los grupos pueden desviarse del tema, y a menudo se debe a que el grupo está profundizando su acercamiento y los participantes disfrutan del tiempo de compartir juntos. Sin embargo, hay tanto contenido en estas sesiones que es importante permanecer en el tema y seguir el calendario recomendado.

Planear y dirigir un exitoso retiro o campamento de adolescentes

Roles de liderazgo

Nota: Una persona puede cumplir múltiples roles.

- **Administrador:** Cuidar los detalles y la logística entre bastidores.
- **Comunicador:** Maestro de ceremonias; hacer los anuncios.
- **Líder de música:** Crear un ambiente para experimentar a Dios a través de la música.
- **Líder de juegos:** Incentivar a los adolescentes, con energía y diversión, para las actividades grupales.
- **Líder pastoral:** Pastorear las actividades espirituales.
- **Consejero de salud mental:** Proveer supervisión para los facilitadores y consejería cuando sea necesario.

Cosas para recordar

- Asegúrate que todos los líderes que no son facilitadores de grupos pequeños también se familiaricen con el currículo *La vida duele, El amor sana* para que puedan contribuir con la experiencia sanadora de los adolescentes, a través de la adoración, el énfasis espiritual, los juegos y cosas similares.
- Asegúrate de que las personas que están al frente tengan la personalidad adecuada y una fuerte presencia de liderazgo para obtener la atención de los adolescentes.
- Planifica para que las cosas no vayan según lo planeado; permite tiempo para la flexibilidad.
- Humor, risa y diversión son esenciales.
- Involucra a los adolescentes en el proceso de planeamiento tanto como sea posible.
- Sé tan organizado como puedas, pero siempre está listo para lo inesperado.
- Lleva a cabo una reunión de información para el equipo al final de cada día con los facilitadores y otros líderes; ten un plan para la actividad estructurada para adolescentes con la supervisión adecuada por los voluntarios durante este tiempo.
- Planifica los tiempos libres entre las sesiones de sanación del trauma —juegos grupales, actividades en el exterior, concurso de talentos, una película.
- Crea y mantén un ambiente inclusivo donde cada estudiante se sienta bienvenido e incluido.
- Vigila cuidadosamente por algún tipo de intimidación, y manéjalo inmediata y decisivamente.
- Asegúrate de que los facilitadores sepan cuándo enviar a un adolescente a un consejero en salud mental del equipo.
- Los adultos nunca deben estar a solas con un adolescente, tanto para la protección del adolescente como la de los adultos.
- Recluta voluntarios que no son facilitadores para manejar el proceso de la hora de dormir de los adolescentes y para estar "de servicio" para responder por la noche.
- Sé claro y cuidadoso sobre los límites físicos y sociales, especialmente si en el grupo hay tanto niños como niñas.
- Ten mucha comida y bocadillos disponibles.
- Las decisiones sobre los dispositivos electrónicos deben hacerse antes del campamento y deben ser comunicadas claramente a los adolescentes como parte del proceso de inscripción.
- Una lista de elementos que no están permitidos en el campamento debe darse a los adolescentes cuando se inscriben, y puesta en lugares obvios mientras se desarrolla el campamento.

- Después de que campamento o retiro haya finalizado, los facilitadores deben completar un formulario con el informe de sanidad del trauma: cada grupo pequeño debe ser contado como un grupo de sanidad y debe ser informado en un formulario separado. Los formularios deben ser entregados a la persona designada, identificada en las sesiones de entrenamiento.

Juegos para adolescentes

Juegos para "Conocerte"

Este o Aquel

Da una serie de opciones y haz que cada persona decida cuál le gusta y vaya al lado correspondiente de la habitación. Por ejemplo, si les gusta el fútbol (este, el lado izquierdo de la habitación) o baloncesto (aquel, el lado derecho de la habitación). Después de varias rondas, que los adolescentes se turnen para elegir dos cosas.

Red de conexiones

Comienza con alguien parado en un círculo. El líder comienza con un ovillo de hilo sosteniendo una punta del hilo. Los adolescentes se turnan respondiendo preguntas hechas por el líder (como comida favorita, equipos deportivos, bebidas gaseosas, películas) y cuando alguien responde, el líder le arroja el ovillo de hilo, sosteniendo un extremo del hilo. Cuando a otra persona también le gusta la misma cosa que le gusta a la persona que respondió, levanta la mano. La persona que ahora tiene el ovillo, sostiene el hijo y le arroja el ovillo a esa otra persona. Una red es creada por todas la formas en que la gente está conectada. El líder puede hacer preguntas para cada turno o cada participante puede decir algo sobre sí mismo y ver si eso es así para otra persona también. Por ejemplo, uno podría decir: "Me gusta el fútbol", sostener el hilo y arrojar el ovillo a otra persona que también le gusta el fútbol. Si nadie responde, la similitud podría estar basada en conocer a alguien que tiene eso en común.

Identidad secreta

Que alguien escriba de manera secreta el nombre de una persona en un pequeño pedazo de papel. Tiene que ser una persona que todos en el cuarto sepan de quién se trata —un famoso personaje histórico, un actor, una celebridad del deporte o un político. Haz que peguen el papel en la espalda de la persona que está a su izquierda. Todos caminan y les hacen a las personas preguntas de sí o no sobre el personaje cuyo nombre está en su espalda. Solo pueden hacer una pregunta por persona. La persona que pueda adivinar el nombre del personaje que está en su espalda haciendo la menor cantidad de preguntas gana.

Hombro con hombro

Usa una cinta adhesiva para marcar un pequeño círculo en el piso. Pídele a cada miembro del grupo que se pare en el círculo con sus brazos cruzados sobre su pecho. El objetivo es sacar a la gente del círculo con el hombro. Todo el que sale del círculo o se cae o desdobla sus brazos debe salir. Que los niños se sienten fuera del círculo y miren.

Después, habla sobre de qué manera este juego ilustra camarillas o grupos. Pídele a la última persona sobre el círculo que agarre a alguien para que vuelva al círculo, luego, esa persona ayuda a otra a hacer lo mismo. Háganlo hasta que todos están de vuelta en el círculo hombro con hombro.

Rompiendo en círculo

Haz que el grupo se pare en un gran círculo, tomados de la mano. Elige a una persona para que esté en el medio y trate de salir del círculo a través de dos personas que se están tomando de la mano. Si puede salir, las dos personas que rompieron el círculo deben perseguir al que estaba en el medio hasta que uno de ellos lo marque. Aquel que no lo marcó, ahora debe ir al medio del círculo.

Encuentro veloz

Prepara las sillas en dos círculos, uno pequeño y otro más grande fuera de ese. Asegúrate de que las sillas están mirando hacia dentro y una a la otra, y que hay un número igual de sillas en el círculo interno así como en el externo. Cada adolescente se sentará enfrente de otro adolescente (de igual o diferente sexo) y tendrán que cumplir una tarea en treinta segundos antes de rotar a la siguiente persona. Algunas preguntas que podrían hacer los adolescentes: ¿Cuál fue tu momento más vergonzoso? ¿Cuál es tu comida favorita? ¿Qué te gustaría ser cuando seas grande? ¿Quién es tu celebridad favorita? ¿Quién es la persona a quien más admiras? ¿Cuál es tu recuerdo de la infancia favorito? Algunos de esos temas pueden requerir un poco más de treinta segundos, otros necesitarán menos. Usa una campana, una corneta o tu teléfono para que la gente se mueva al siguiente asiento.

Juegos de grupos pequeños

Rápidos artistas del cambio

Designa pares de personas que se miren uno al otro. Cada uno observa la apariencia del otro. Entonces, los jugadores se dan vuelta y hacen dos o más cambios en su vestido, pelo o accesorios. Cuando vuelven a mirarse entre sí, cada uno debe identificar qué cambios se hicieron. Repite el juego varias veces cambiando parejas y aumentando el número de cambios hechos. Incorpora diferentes maneras para hacer que se vayan conociendo, como compartir algo sobre sí mismos cada vez que un cambio es adivinado.

Robar las llaves

Venda los ojos de alguien para jugar al ciego y dales un diario enrollado o una almohada. Pon un juego de llaves en un bol de metal, y colócalo debajo de la silla del ciego. El ciego debe defender las llaves. Todos hacen un gran círculo alrededor de la silla del ciego. El objetivo es colarse, agarrar las llaves del bol y volver al círculo sin ser tocado por el ciego. Cuando el líder da la señal para empezar a jugar, todos tratan de escabullirse y agarrar las llaves del bol y volver al círculo sin ser tocado. Si el ciego se conecta con alguien con el diario enrollado o la almohada, esa persona perdió. El jugador exitoso debe ser el siguiente ciego.

Pelota de lava

Todos se sientan alrededor de un círculo, para jugar a que alguien que está en el medio del círculo no toque la pelota. El juego comienza arrojando la pelota a alguien en el círculo que no esté a tu lado. Si la persona en el medio agarra la pelota, la última persona que arrojó o tocó la pelota debe ir al medio del círculo. La persona en el medio también puede marcar a la última persona que arrojó o tocó la pelota (especialmente si la pelota sale del círculo) para que esa persona vaya al medio del círculo.

Círculo de Dodgeball

Los jugadores se paran en un círculo. Un jugador comienza con la pelota y se la arroja a otro jugador. Ese jugador debe agarrarla y arrojarla a otra persona. Si la pelota toca a alguien que no atrapa la pelota, ese jugador queda eliminado. Si un jugador arroja la pelota y no toca a un jugador, el que la tiró es eliminado. Los jugadores deben arrojar la pelota con las dos manos y no pueden levantarla por encima de su cabeza. Los jugadores no pueden mover sus pies (aparte de achicar el círculo cuando un jugador es eliminado). Los jugadores no pueden arrojar la pelota a la persona que está a su lado, a menos que queden cuatro o menos jugadores.

Sherlock

Divide tu grupo en dos equipos o, si tu grupo es pequeño, elige a uno para que sea el "detective". Alinea los dos grupos enfrentándose entre sí (o un grupo y el detective), y dales de diez a treinta segundos para observarse unos a otros. El detective/segundo grupo sale del cuarto y el primer grupo cambia la apariencia de diez cosas que son bastante obvias. Dales cosas como lápices (para ponerse detrás de la orejas), bufandas, joyería de fantasía, un par de lentes o un sombrero, para ayudar con la transformación. Una vez que el detective/segundo grupo vuelve, dales una cantidad de tiempo para tratar de observar los diez cambios y que los escriban. Cuenta cuántos cambios pueden detectar, y entonces cambia los roles.

Sala de emergencia para frutas

Divide a todos en pequeños grupos y dales a cada grupo una banana, una tabla de cortar y un cuchillo de plástico. Los grupos deben cortar la banana en cuatro o cinco piezas, pero no les diga qué hacer después. Luego, dales más elementos: alfileres, hilo dental, cinta, palillos de dientes, grandes agujas de plástico. El objetivo es rearmar la banana de manera que puedan levantarla y presentarla a los otros grupos. Este es un buen juego para ilustrar de qué manera algunas cosas —confianza quebrada, relaciones frágiles— son difíciles de restaurar a su estado original.

Reino animal

(Para seis adolescentes o más) Pídeles a los adolescentes que se presenten y digan con cuál de los siguientes animales se identifican más: águila, delfín, león, gorrión, ballena o unicornio. Luego, haz que se agrupen de acuerdo al animal que eligieron (combina dos grupos pequeños si alguno tiene menos de un par de miembros). Haz que los adolescentes respondan las siguientes tres preguntas en sus grupos:

- ¿Qué es una cosa que todos han experimentado y otros no lo han hecho?
- ¿Cuál es una cosa en la que todos creen?
- ¿Cuál es la cosa de la que todos temen?

Entonces, pide a los adolescentes que descubran algo que cada miembro del grupo ha hecho que ninguno más en el grupo hizo. Que algunos voluntarios resuman las respuestas de sus grupos a las preguntas y compartan las experiencias únicas de su grupo con todos los demás

Interrogatorio al líder

Forma el mismo número de grupos que líderes adultos tengas. Asigna a un líder a cada grupo y haz que los miembros del grupo le hagan al líder tantas preguntas como puedan en cinco minutos o menos. Luego, pide a voluntarios que presenten a los líderes a todos los demás, usando tantos detalles como hayan aprendido sobre el líder durante el tiempo de preguntas.

Globo en el tobillo

Que todos reciban un globo y un trozo de cuerda o hilo. Inflen los globos y átenlos a sus tobillos. Luego, anuncia que todos tienen que tratar de pisar y explotar los globos de las otras personas manteniendo a salvo el propio. La última persona que tenga el globo intacto gana.

Juegos de grupos grandes

Etiqueta

Todos están en el campo o habitación con límites definidos. Una persona es quien debe etiquetar o tocar a alguna otra persona de los que están jugando. Una vez que ha tocado a otra persona, esa persona es la que ahora tiene que tratar de tocar o etiquetar a alguna persona.

Etiqueta ameba

Dos personas deben tomarse de las manos y perseguir a los demás. Todos los que agarran deben unirse a la cadena de manos. Cuando alguien más es atrapado pueden quedarse unidos o separarse, en este caso, deben hacerlo en números impares y pueden unirse de vuelta cuando quieran. Esto sigue así hasta que todos están unidos.

Carrera de falso o verdadero

Designa dos áreas de la habitación, una para falso y otra para verdadero. El líder lee una declaración de información, por ejemplo: "los murciélagos en realidad no son ciegos". Cuando el líder grita "¡Corran!", los adolescentes deben correr al lado de la habitación que consideran el correcto para esa declaración: verdadera o falsa. Aquel que alcanza primero el lugar correcto gana la ronda. Quedarse en el medio no es una opción. Si fuera necesario, descalifique a los rezagados. Los adolescentes que eligieron la respuesta incorrecta son eliminados, y solo quienes hayan elegido la opción correcta continúan a la siguiente ronda. Registra los ganadores en una pizarra y recompensa al campeón con un premio.

Fotografiar la búsqueda del tesoro

En lugar de decir a los grupos exactamente qué buscar, desafíalos a ser creativos y dales 30 minutos para sacar una foto que mejor represente la indicación o desafío dados. La lista incluye títulos de canciones, títulos de películas, "elementos que lucen como" algo más.

Sardinas

Este es un juego activo que se juega como el escondite —¡solo que al revés! Una persona se esconde, y todos los demás la buscan. Cuando alguien la encuentra, en silencio se le une en su escondite. Pronto, ¡el grupo escondido comienza a parecerse a un montón de sardinas!

Capturar la bandera (1 hora — en lo posible un terreno grande)

Preparación

1. Encuentren un lugar para jugar. El lugar ideal para la Captura de la bandera es una gran área con muchos objetos desparramados alrededor (a fin de que no sea completamente abierto).
2. Obtén o haz dos banderas (o elementos similares) de diferentes colores y ubícalas en cualquier "extremo" del terreno. Asegúrate que son relativamente fáciles de ver y encontrar.
3. Divide el grupo en dos equipos iguales.
4. Designa una base principal en alguno de los extremos del terreno donde cada equipo comenzará. Asimismo, designa los límites del terreno de juego y una marca de mitad de camino, que divida el terreno en dos mitades.

Reglas

1. El objetivo del juego es que un equipo capture la bandera del equipo contrario. Eso se logra cuando se halle la bandera y se la lleve de manera segura a la base principal del equipo.
2. Los jugadores pueden marcar a un jugador del otro equipo que ha cruzado a su lado del terreno. El jugador que es marcado es puesto en la base (o cárcel) del lado en el que fue marcado. La única manera de ser liberado es que un compañero de equipo vaya a la base/cárcel y lo libere al marcarlo.
3. Si un jugador está llevando la bandera, puede ser marcado por el equipo contrario en cualquier lado del terreno. Una vez que es marcado, el equipo contrario debe devolver enseguida la bandera a su base. El jugador que fue marcado es llevado a la base/cárcel.

Variantes

Capturar la bandera es un juego que tiene ya muchos años y hay muchas variantes de cómo jugarlo. Dependiendo de la ubicación, la gente que está jugando, el tamaño del grupo y el clima, se necesitará adaptar esas opciones para hacer que el juego funcione bien para tu grupo.

- *Atascado en el barro:* Los jugadores que son marcados podrían ser forzados a permanecer inmóviles y quedarse "atascados en el barro" hasta que alguien de su equipo los marque para liberarlos.
- *Globos:* En vez de un sistema de marcas, cada equipo recibe un montón de globos. Cuando un jugador es alcanzado con un globo de agua (y explota sobre él) el jugador es "marcado". Eso puede suceder en cualquier parte del terreno y no se necesita designar mitades. ¡Una gran opción para un clima caluroso!
- *Ejecutores:* Añadir un tercer equipo llamado "Los ejecutores". Este equipo usualmente estará formado por líderes/organizadores y no tratarán de capturar una bandera, sino que su meta es hacer cumplir las reglas del juego, de una manera divertida. Cuando/si ellos ven que un jugador desobedece las reglas, podrían "arrestarlo" y ponerlo en una cárcel por algunos minutos. También, podrían hacer eso por ofensas no tan serias como "exceso de velocidad" o "merodear".

Capturar al César (luz roja/luz verde)

Elegir a una persona para ser el César. La persona debe pararse en un lado del terreno de juego (o en una habitación o sala) dando la espalda al resto de los jugadores. Designar una línea de largada sobre el lado opuesto del terreno (o habitación). Todos los jugadores, menos el César, deben comenzar detrás de la línea de largada. El objetivo del juego es que una persona toque al César. Mientras que el César enfrenta a la pared, todos pueden moverse libremente, pero deben estar completamente en silencio. Sin embargo, en cualquier momento el César puede darse vuelta rápidamente y todos deben quedarse completamente inmóviles. Si el César atrapa a alguno moviéndose, todo el equipo debe volver a la posición inicial. Aquel que toque al César primero se convierte en César en la siguiente ronda.

Otra buena variante de este juego es dejar que cada jugador juegue individualmente; si el César encuentra a alguno moviéndose, ese jugador debe volver al comienzo, pero el resto de los jugadores pueden seguir donde están.

Otra variante es marcar un círculo y hacer que el César se pare en el centro. Ahora, todos operan de manera individual y rodean al César de todos lados alrededor del círculo. Los individuos pueden acercarse arrastrándose mientras el César está mirando hacia otra dirección, pero quedan eliminados si el César los ve moviéndose.

Pelota de rebote

Designe el límite de un gran círculo de alrededor de veinte yardas (dieciocho metros) de diámetro. Esto puede hacerse en un terreno o gran habitación. Se deben tener suficientes pelotas suaves o calcetines enrollados como para igualar casi el número de jugadores. Los jugadores comienzan fuera del círculo y las pelotas distribuidas dentro del círculo. El juego comienza cuando el líder grita "1, 2, 3, ¡YA!". Los jugadores saltan adentro del círculo para agarrar una pelota y arrojársela a otro jugador. Las pelotas no pueden ser atrapadas. Una vez que un jugador es alcanzado por una pelota debe sentarse fuera del círculo inmediatamente. Estarán fuera de juego hasta que el jugador que los sacó sea sacado del juego por otro jugador. Entonces, el jugador podrá volver al juego. La única manera de ganar es eliminar a cada jugador en el juego sin salir.

Lucha en cuclillas

Los jugadores se ponen en cuclillas y cruzan sus brazos sobre su pecho. Los jugadores deben permanecer en cuclillas y con los brazos cruzados todo el juego. Cuando el líder dice "¡YA!", los jugadores caminan en esa posición y chocan a otros tratando de que los otros caigan. Si algún jugador es tirado de cualquier manera o deja de cruzar sus brazos para no caerse, es eliminado. ¡La última persona que siga en cuclillas y con los brazos cruzados gana!

3. Formulario de permiso para el grupo

LA VIDA DUELE. EL AMOR SANA.
Consentimiento informado para padres y adolescentes

La vida duele, el amor sana es un grupo interactivo para jóvenes basado en la Biblia. Los adolescentes aprenderán a contar su historia, conectarse con sus sentimientos y desarrollar habilidades para lidiar con las dificultades de la vida. También les proporcionará la oportunidad de conectarse con otros de su edad de una manera significativa. Proporcionamos un lugar seguro para que los adolescentes comiencen a encontrar la sanación para algunas de las heridas que han tenido en sus vidas, mientras que experimentan amor del grupo de facilitadores, de sus pares y de Dios.

Habrá diez sesiones, cada una de ellas respondiendo preguntas con las que a veces batallan los adolescentes:

- ¿Soy importante para alguien?
- Si Dios me ama, ¿por qué me duele tanto?
- ¿Cómo me conecto con mis sentimientos?
- ¿Cómo lidio con mi dolor?
- ¿Cómo lidio con mi pérdida?
- ¿Qué decir de mis límites personales?
- ¿Cómo puedo contar mi historia?
- ¿A dónde puedo llevar mi dolor?
- ¿Cómo puedo perdonar?
- ¿Cómo puedo seguir adelante?

Debido al carácter delicado de nuestra tarea, practicamos la confidencialidad a fin de crear un lugar seguro para que los adolescentes compartan abierta y honestamente. Sin embargo, la ley nos ordena que informemos sobre inquietudes por la seguridad y el bienestar de los menores a quienes servimos. Por lo tanto, los líderes deben informar a las autoridades de posibles abusos de niños y adolescentes o si hay evidencias de algún riesgo inminente de algún daño corporal o muerte de ellos mismos o de otros.

Padres/guardianes legales: Por favor, firmen la declaración de abajo si apoyan la decisión de su adolescente de participar en este grupo.

Doy mi permiso para que _____ atienda a este grupo. Comprendo que puedo buscar información adicional contactando a los líderes del grupo.

Padre/guardián legal (en letra de   Firma   Fecha de hoy
imprenta, por favor)

Adolescentes: Por favor, firma debajo si te gustaría participar en este grupo.

Entiendo que se espera que participe de las diez sesiones de este grupo de *La vida duele, el amor sana* y pondré lo mejor de mí para estar presente y a tiempo cada vez que nos reunamos.

Nombre del adolescente (en letra de   Firma   Fecha de hoy
imprenta, por favor)

4. Formulario de autorización para testimonios, fotos y grabaciones

LA VIDA DUELE. EL AMOR SANA.
Consentimiento informado para padres y adolescentes

Para padre o tutor de individuos menores de 18 años:

Autorizo a las Sociedades Bíblicas y sus asociados a usar fotos y/o grabaciones de voz/video de mi hijo para promover sus programas de sanación del trauma.

Nombre del hijo _____

País de residencia _____

Nombre escrito de padre o tutor _____

Firma de padre o tutor _____

Fecha de hoy _____ ❑ Por favor, **no** use el nombre de me hijo

- -

Para individuos de 18 años o mayores:

Autorizo a las Sociedades Bíblicas y sus asociados a usar fotos y/o grabaciones de voz/video que me incluyan para promover los programas de sanación del trauma.

Nombre escrito _____

Firma _____

❑ Tengo 18 años o más

Fecha de hoy _____

País de residencia _____

❑ Por favor, **no** usen mi nombre

5. Material extra

Material extra para la Sesión 3

Silueta del cuerpo

Nuestros cuerpos están conectados a nuestras emociones. ¿Alguna vez te has enojado tanto que sentiste que tu corazón corría y tu quijada se endurecía? ¿Te has sentido tan triste que terminaste con un dolor de cabeza?

Divide el grupo en pares, idealmente del mismo género. Sobre una gran hoja de papel, tracen una silueta del cuerpo de cada uno usando un marcador de tinta lavable. Pongan las siluetas sobre la pared, si fuera posible. Otra idea es poner papel sobre la pared y usar un proyector o una linterna para crear una sombra y trazar la sombra sobre la pared (puedes usar tiza para marcar sus cuerpos en el piso).

Que los adolescentes, por turno, nombren un sentimiento de las tarjetas de sentimientos. Con cada sentimiento mencionado, todos toman unos minutos para considerar qué partes de sus cuerpos tienen una respuesta física a ese sentimiento. Entonces, que escriban ese sentimiento sobre la silueta de su cuerpo en el lugar correspondiente.

(Si a los adolescentes les cuesta conectarse con cómo sus cuerpos reaccionan a los sentimientos, haz que compartan una historia de algún momento en que sintieron una emoción. Después que describieron el escenario, sugiéreles que pretendan que tienen una lupa que pueden usar para escanear sus cuerpos de la cabeza a los pies. Cuando ellos piensan sobre magnificar cómo sienten sus cuerpos, escribe lo que ellos concluyen).

Cuando todos han terminado de escribir el sentimiento sobre las siluetas de sus cuerpos, pídeles que muestren ese sentimiento con sus cuerpos por su postura, expresiones faciales, la posición de brazos y piernas, y así sucesivamente. Hazles las siguientes preguntas por cada sentimiento que haya sido considerado.

PREGUNTAS DE DISCUSIÓN

1. ¿Cómo te ves cuando estás sintiendo [nombra el sentimiento]? Usa todo tu cuerpo, incluyendo tus expresiones faciales, para mostrarnos.
2. ¿Cómo cambiaría tu cuerpo si ese sentimiento ya no está más?

Las máscaras que usamos

En lugar de enfocarte únicamente en la máscara de la ira, puedes expandir la conversación para incluir una variedad de máscaras que podríamos usar en ciertas ocasiones.

Es común sentir la tentación de presentar una cierta cara o imagen al mundo como un disfraz de lo que realmente estamos sintiendo. Así como podemos usar la ira como una máscara que esconde otras emociones, podemos ponernos diferentes máscaras en muchas situaciones diferentes.

Nos ponemos diferentes máscaras por muchas razones:

- Para agradar a quienes nos rodean
- Para evitar vulnerabilidad
- Para esconder la verdad
- Para esconder emociones que creemos que no les gusta a otras personas
- Para engañar o manipular
- Para atravesar un tiempo agobiante
- Para encajar en un grupo de gente
- Para pretender ser alguien que admiramos o queremos ser

Es algo normal ponerse diferentes máscaras para una variedad de situaciones, y pueden usarse de mane-ras positivas o negativas. Sin embargo, eso puede ser muy dañino si evita que otros vean y sepan qué está pasando realmente en nuestra vida o si perdemos el sentido de identidad tratando de agradar a otros.

PREGUNTAS DE DISCUSIÓN

1. ¿Cuáles son algunas de las máscaras que usas para ocultar lo que real-mente estás sintiendo o pensando? (Ejemplos: bromista, persona ruda, extrovertido, sensual, peligroso, chispean-te/siempre feliz, ayudador, transgresor, franco).
2. ¿Quiénes son las personas con quienes sientes que tienes que usar una máscara? ¿Con quiénes es seguro que te saques la máscara?
3. ¿Hay lugares donde sientes que tienes que usar una máscara más que en otros lugares?
4. ¿Cómo te sientes cuando estás usando una máscara? ¿Triste? ¿Confiado? ¿Asustado? ¿Falso?

Reconocer e identificar las máscaras que usamos es un paso importante para comenzar a comprender quiénes somos en realidad, para contactarnos con nuestros sentimientos y para aprender maneras sanas para expresarnos.

Actividad con máscaras

Que todos recorten una máscara. Puede ser similar al ejemplo en el libro. Que todos dibujen, coloreen o pinten un lado de la máscara para representar cómo creen ellos que la gente los ve/los conoce/creen de ellos. Luego, que todos dibujen, coloreen o pinten el otro lado de la máscara para representar cómo se sienten acerca de sí mismos; cosas que suceden adentro de ellos que otras personas no conocen o ven.

Enfoque bíblico—Caín y Abel

Narra la historia de Caín y Abel de Génesis 4:1–16 para presentar a Caín como un ejemplo de ira y su máscara de emociones subyacentes:

Caín y Abel eran hijos de Adán y Eva. Caín era un agricultor; Abel era un pastor. Uno de los requerimientos de Dios para ellos era llevar lo mejor que tenían para dárselo. Un día, Abel llevó lo mejor de sus ovejas y Dios estuvo complacido. Pero Caín no llevó lo mejor de sus cosechas a Dios, y Dios no estaba feliz con él. Caín se enojó mucho. Dios le advirtió que no permita que su ira o pecado lo controlen, pero él se enfureció tanto que mató a su hermano Abel.

PREGUNTAS DE DISCUSIÓN

1. ¿Por qué estaba tan enojado Caín? ¿Cuál fue la emoción o emociones detrás de su ira?
2. ¿Puedes identificar emociones que puedan estar bajo tu ira?
3. Lee Génesis 4:6–7. ¿Qué le dijo Dios a Caín?

Material extra para la Sesión 10

Ejercicio de relajación

El estrés es un sentimiento con el que nuestros cuerpos responden al cambio, tanto negativo como positivo. Por ejemplo, si tuviste un entrenamiento pesado en el gimnasio, eso estresa tu cuerpo y se siente adolorido. O si tienes muchos deberes y te sientes abrumado, puedes terminar con dolor de cabeza o de hombros por estudiar o preocuparte demasiado.

Nuestros cuerpos responden al estrés ayudándonos a enfocarnos, a estar más alertas o a exigirnos más. En ese sentido, el estrés no siempre es algo malo. La mayoría de nosotros no aprenderíamos bien si no hubiera una prueba que nos provocara estrés para estudiar. Sin embargo, demasiado estrés nos hace estar cansados, perder concentración y sentirnos deprimidos o agotados.

Cuando estamos estresados, podemos calmar nuestras mentes y cuerpos relajándonos. Una manera es pensar sobre un lugar seguro donde podamos estar, incluso si solo está en nuestra imaginación. ¡Nuestros cuerpos reaccionan a claras imágenes mentales de la misma manera que lo hacen con lo real!

Instruye al grupo a seleccionar una posición cómoda para sentarse.

- Si te sientes cómodo haciéndolo, cierra tus ojos. Si no te sientes cómodo así, enfoca tu vista en algo del cuarto o en frente de ti. Solo piensa en respirar.
- Inhala y exhala lentamente, llenando completamente tus pulmones, y entonces libera el aire lentamente. Entonces, te dices a ti mismo: "Me estoy relajando y el oxígeno está fluyendo dentro y fuera."
- Ahora piensa en estar en un lugar tranquilo y seguro. Puede ser una playa, una colina o un árbol. ¿A qué se parece? ¿A qué huele? ¿Cómo suena? Puedes estar solo o con alguien que se preocupa de ti. Puedes pensar que Jesús está sentado junto a ti diciéndote cuánto te ama.
- Sigue pensando en tu respiración—inhala… exhala, inhala… exhala.
- Después de unos minutos, abre tus ojos. Estírate y respira profundamente una vez más.

6. Cómo hacer un laberinto

1. Haz un punto central en el medio del espacio donde harás tu laberinto. Desde ese punto, haz cinco marcas en el piso con una cinta en línea recta separadas por 18 pulgadas (45 centímetros) aproximadamente. Haz lo mismo hacia la dirección opuesta, también a partir del punto central.

2. Comenzando desde el centro, hacer un círculo espiral, alrededor del punto del centro, seis veces, conectando las marcas que fueron hechas y deteniéndose en la línea exterior debajo del punto del centro.

3. Dibuja una línea vertical desde el punto donde se detuvo la espiral en la línea externa hacia el punto central cruzando dos líneas de la espiral, hasta la segunda línea de la espiral desde el punto central.

4. Dibuja líneas paralelas a la derecha y a la izquierda de la primera línea vertical, cruzando dos circuitos a cada lado de la primera línea vertical.

5. Borra las tres líneas de la espiral en ambos lados de la primera línea vertical.

6. Borra una pequeña sección de las líneas de la espiral que llevan a las líneas paralelas tanto a la derecha como a la izquierda para crear "cajas" a la derecha y a la izquierda, que son ahora vueltas de 180 grados en el laberinto. Extiende la línea vertical para cerrar la brecha.

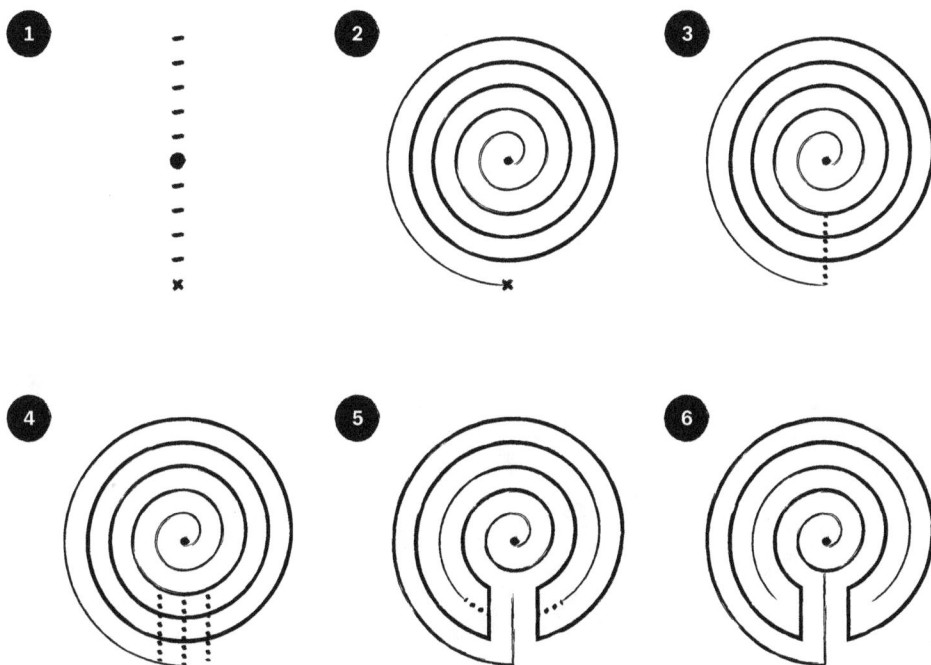

RECONOCIMIENTOS

Los autores agradecen a Harriet Hill, PhD, Bethany Haley Williams, PhD, Phil Monroe, PsyD y Dana Ergenbright por sus reflexivos comentarios durante la confección de este currículo.

SOBRE LOS AUTORES

Margi McCombs es la directora de la sanación del trauma de niños y adolescentes en el Instituto de la sanación del trauma (Trauma Healing Institute) en American Bible Society. Ella nació y fue criada en África Occidental, ha trabajado internacionalmente por quince años, y tiene un título universitario en educación elemental y especial, un master en Aconsejamiento cristiano y un PhD en educación. Margi es Facilitadora Maestra de programas de sanación del trauma, tanto para adultos como para niños.

James Covey es un consejero profesional licenciado y está especializado en aconsejamiento del trauma y adolescentes. Tiene un MA en Aconsejamiento matrimonial y familiar del Southwestern Baptist Theological Seminary, y es un misionero con SIL. James es Facilitador Maestro de la sanación del trauma, tanto para adultos como para niños.

Kalyn Lantz es una consejera licenciada en salud mental. Ella tiene un MA en Aconsejamiento clínico de salud mental de Wheaton College y en práctica está sirviendo a jóvenes urbanos en South Bend, Indiana. Kalyn es Facilitadora Maestra en la sanación del trauma de niños.

www.ingramcontent.com/pod-product-compliance
Lightning Source LLC
Chambersburg PA
CBHW081602040426
42452CB00013B/2492

* 9 7 8 1 5 8 5 1 6 2 9 1 8 *